MAPA DE ESPAÑA

La Coruña

Santiago de Compostela

ASTUR

Lugo

GALICIA

Cordillera Ca

Pontevedra

A

Miño

Orense

CAS

Vigo

Zar

OCÉANO ATLÁNTICO

Oporto

Duero

Salaman

Coimbra

Ciudad-

Sistem

PORTUGAL

Tajo

Cáceres

Cabo de Roca

EXTREMAD

LISBOA

Mérida

Badajoz

Sierra Mora

Sev

Faro

Cabo Sãn Vicente

Jerez

Cádiz

Lanzarote

Algecir

La Palma

Arrecife

Cabo Trafalgar

ISLAS CANARIAS

Sta. Cruz de Tenerife

La Gomera

▲ Pico del Teide (3718)

Fuerteventura

Tenerife

Las Palmas de Gran Canaria

El Hierro

Gran Canaria

MA

Nuevo
Español con ritmo 2

Eugenio del Prado

Hanako Saito

Shinji Nakamichi

Editorial Dogakusha

音声ダウンロード

🎧 がついている箇所は、ネイティブスピーカーによる録音があります。
同学社のホームページよりダウンロードできます。

https://dogakusha.crs-stream.jp/books/04445/

表紙絵・本文イラスト：遠藤佐登美
表紙・本文デザイン：XYLO

　スペイン語は、スペインをはじめイスパノアメリカ諸国、米国のヒスパニックを含めると約4億5千万もの人々によって話されています。グローバル化が急速に進むこの時代において、国際語であるスペイン語の需要はますます高まっています。

　スペイン語を学ぶということは同時に、スペイン語圏の文化や習慣、社会を理解することでもあります。中級のスペイン語を学習する皆さんは、興味を持った事柄に関して、是非スペイン語を使って調べてみてください。

　本書『新スペイン語のリズムで 2』は、過去時制、未来時制、接続法を中心に扱ったスペイン語中級総合教科書です。ページ構成は、初級用の教科書『新スペイン語のリズムで 1』と同じになっています。

● Gramática y ejercicios

　文法の解説と練習問題のページです。最初の数課は既習文法の復習となっています。復習の必要がなければ、未習の文法項目から学び始めてください。各課には文法項目が簡潔に説明され、対話を中心とした例文が載っています。文法項目を学習した後、「チョット確認」で理解度を確認することができます。動詞の活用や新しい語彙もしっかり覚えましょう。

● Vamos a ver

　文法ページで学んだことを統合的に確認していくページです。様々な練習問題があり、角度を変えながら文法項目を復習していくことができます。よく理解できていない箇所が見つかれば、前のページの文法項目に戻って再確認しましょう。最後に和文西訳問題もありますので、スペイン語作文にも挑戦しましょう。

● Diálogo y Lectura

　対話と読み物のページです。スペイン語で対話や読み物を楽しんで読みましょう。読むことで学習した文法項目がどのように使われているのか理解できますし、新しい語彙や表現に触れることができます。音声データを何度も聞いて、耳からスペイン語に慣れるようにしましょう。

● Práctica

　実際に皆さんがスペイン語を使って、コミュニケーションの練習をするページです。イラストがたくさん使われ、楽しみながら練習できるようになっています。積極的にペア・ワークやグループ・ワークでスペイン語を聞き、話しましょう。

　最後になりましたが、『新スペイン語のリズムで 1』の続編である、本書『新スペイン語のリズムで 2』も作る機会を与えていただいた同学社の石坂裕美子さんに、また今回も協力していただいたイラストレーターの遠藤佐登美さんに、心より感謝を申し上げます。

2023年　盛夏

著者一同

目次 Índice

GRAMÁTICA Y EJERCICIOS

1 直説法現在 ― 語幹母音変化動詞 Los verbos irregulares con cambio vocálico

🎧 02

1) e → ie 型

cerrar （閉める・閉まる）	
cierro	cerramos
cierras	cerráis
cierra	cierran
empezar, entender, pensar, preferir, querer	

2) o → ue 型

volver （戻る・帰る）	
vuelvo	volvemos
vuelves	volvéis
vuelve	vuelven
costar, dormir, poder	

3) e → i 型 （-ir 動詞のみ）

repetir （繰り返す）	
repito	repetimos
repites	repetís
repite	repiten
pedir, seguir (sigo, sigues, ...)	

jugar (u → ue)： **jue**go **jue**gas **jue**ga **ju**gamos **ju**gáis **jue**gan

> **チョット・確認 1** 次の動詞の活用形を書きましょう。Conjuga los siguientes verbos.

1) pensar   2) querer   3) poder   4) dormir   5) pedir   6) seguir

> **チョット・確認 2** （　　）内の不定詞（動詞の原形）を直説法現在の正しい形にし、和訳しましょう。Conjuga correctamente los verbos.

1) A: ¿En qué (pensar, tú) _____ ? B: _____ en mi siguiente proyecto.

2) A: ¿A qué hora (cerrar) _____ este restaurante? B: _____ a las once.

3) A: ¿Cuántas horas (dormir, tú) _____ ? B: _____ ocho horas.

4) A: ¿(Pedir, nosotros) _____ una cerveza? B: No, yo un tinto, por favor.

5) A: ¿Qué (preferir) _____ usted, café o té ? B: _____ café.

6) A: ¿(Jugar, vosotros) _____ al tenis los viernes? B: No, _____ los sábados.

7) A: ¿A qué hora (volver) _____ tu padre? B: Normalmente _____ antes de la cena.

2 直説法現在 ― 不規則動詞（tener, ir, ver, hacer, poner, salir）
Los verbos: *tener, ir, ver, hacer, poner, salir*

03

☐ 動詞の活用表を埋めましょう。Completa este cuadro en presente.

	tener （持つ）	ir （行く）	ver （見る）	hacer （する）	poner （置く）	salir （出る）
yo						
tú		vas	ves		pones	sales
él, ella, usted	tiene			hace		sale
nosotros / nosotras		vamos		hacemos	ponemos	
vosotros / vosotras	tenéis		veis		ponéis	salís
ellos, ellas, ustedes		van	ven	hacen		

> **チョット・確認 3** （　　）内の不定詞を直説法現在の正しい形にし、和訳しましょう。Conjuga correctamente los verbos.

1) A: ¿Cuántos años (tener, tú) _____ ? B: _____ diecinueve años.

2) A: ¿A dónde (ir, vosotros) _____? B: _____ a la universidad.

3) A: ¿(Ver, tú) _____ la tele por la mañana? B: Sí, _____ las noticias.

4) A: ¿Qué (hacer, tú) _____ después de cenar? B: _____ los deberes.

5) A: ¿Te (poner, yo) _____ azúcar en el café? B: No, gracias.

6) A: ¿Cuándo (salir, vosotros) _____ de casa? B: _____ antes de comer.

3 再帰動詞 Los verbos reflexivos

🎧 04

□ 動詞の活用表を埋めましょう。Completa este cuadro en presente.

		o → ue	e → ie
	levantar**se**（起きる）	acostarse（就寝する）	sentarse（座る）
yo	**me** levanto	me acuesto	
tú	**te** levantas		te sientas
él, ella, usted	**se** levanta	se acuesta	
nosotros / nosotras	**nos** levantamos		nos sentamos
vosotros / vosotras	**os** levantáis	os acostáis	
ellos, ellas, ustedes	**se** levantan		se sientan

チョット 確認 4 次の動詞の活用形を書きましょう。Conjuga los siguientes verbos.

1) llamarse   2) ponerse   3) bañarse   4) lavarse   5) vestirse (e → i)

1)「…自身を」: acostarse bañarse casarse ducharse levantarse sentarse vestirse

A: ¿A qué hora se acuestan tus hijos? B: Se acuestan sobre las ocho y media.

2)「…自身に」: ponerse quitarse lavarse

Nosotros nos quitamos los zapatos al entrar en casa.   Me lavo la cara.

3) 相互：「〜し合う」という意味を表します。主語は複数になります。

Mis padres se respetan mutuamente.   Nos vemos mañana.

4) 強意・転意：多少ニュアンスが変化します。

A: ¿Ya te vas? B: Sí, ya me voy.

5) 受身の **se**：主語は事物に限られます。

En España se hablan varias lenguas.   ¿Cómo se escribe tu nombre?

6) 無人称の **se**（se + 3人称単数形）：「（一般的に人は）〜する」主語を特定しない表現。

A: ¿Cuánto tiempo se tarda de Tokio a Osaka en avión? B: Se tarda una hora.

チョット 確認 5 （   ）内の不定詞を直説法現在の正しい形にし、和訳しましょう。Conjuga correctamente los verbos.

1) A: ¿Cómo (llamarse, tú) _____? B: _____ Roxana.

2) No (quitarse, yo) _____ la chaqueta porque tengo frío.

3) Mis hijos (dormirse) _____ nada más entrar en el coche.

4) (Venderse) _____ esta casa.

5) Nosotros (morirse) _____ de hambre.

6) A: ¿(Llevarse) _____ bien tu hermana y tú? B: Sí, _____ muy bien.

7) A: ¿Cómo (decirse) _____ "mizu" en español? B: _____ "agua".

VAMOS A VER

1 次の動詞の主語を選びましょう。 Elige el sujeto.

1) piden { Carmen / sus nietos / usted }　　2) prefiero { usted / yo / mi hermana }

3) dice { los estudiantes / una chica / yo }　　4) comienzas { vosotros / tú / el colegio }

5) vemos { tus amigos / tú y yo / Jorge y tú }　　6) va { ellos / el autobús / los niños }

2 例にならって（　　）内の主語に合わせて動詞を正しい形にし、さらに主語を複数にして活用しましょう。 Conjuga correctamente los verbos.

例) volver (yo) *vuelvo* → (nosotros) *volvemos*

1) repetir (él)　　　　_____ → _____

2) salir (tú)　　　　　_____ → _____

3) poder (yo)　　　　 _____ → _____

4) despertarse (usted) _____ → _____

5) ponerse (tú)　　　 _____ → _____

3 正しい方に○をつけましょう。 Elige la forma correcta.

1) ¿Cuántas horas { duermes / vuelves } normalmente?

2) { Hacemos / Jugamos } al tenis dos veces a la semana.

3) Las clases { empiezan / piensan } a las diez y media.

4) ¿{ Veis / Os veis } la televisión por la noche?

5) Yo { muero / me muero } de hambre.

4 正しい代名詞を選びましょう。 Elige el pronombre correcto.

1) De aquí a la estación { me / se } tarda unos quince minutos.

2) María y yo { nos / los } ayudamos mutuamente.

3) Su madre ducha a su hija y { os / la } viste.

4) { Me / Nos } pongo muy nervioso en los exámenes.

5) Las niñas { les / se } ríen mucho en clase.

5 スペイン語に訳しましょう。 Traduce las siguientes frases al español.

1) 私は毎朝シャワーを浴びます。

2) 母親は息子にパジャマを着せます。

3) 「この店は何時に閉まりますか?」「7時に閉まります。」

4) 「君の弟は何歳?」「15歳です。」

5) ここからマドリードまでバスで2時間かかります。

LECTURAS

La familia Gutiérrez
05

La familia Gutiérrez es una familia alegre y muy unida. Ricardo y Lucía son los padres de Lucas, Cristina y Carmina. Antonio y Luisa son los abuelos. Todos viven en una casa grande con un jardín muy bonito. Ricardo es médico y está muy ocupado. Lucía, su mujer, es enfermera. Trabaja  con su marido en el mismo hospital. Antonio es ingeniero, pero ya está jubilado. Es muy jovial y siempre está de buen humor. Ayuda en las labores de casa. Luisa, su mujer, es muy trabajadora y cariñosa con sus nietos. Lucas, el mayor de los nietos, es muy alto, mide 1,80. Es alegre y estudioso. Es también muy buen deportista. Este año prepara los exámenes para entrar en la universidad. Su hermana, Cristina, tiene 14 años. Es muy guapa y en casa es de una gran ayuda para su madre y abuela. Carmina, es la pequeña de la familia. Tiene 2 años. Es muy juguetona y simpática. Ella es la alegría de la casa. Siempre quiere jugar con sus hermanos mayores. Su madre, siempre que puede, la lleva a la guardería.

Cristina y Carmina
06

Cristina ayuda mucho a su madre y a su abuela en las labores de casa. A veces su madre tiene que salir temprano para ir al trabajo. Esos días Cristina se levanta a las 7:30 de la mañana y despierta a su hermana pequeña, Carmina. Luego Cristina se quita el pijama y se viste. Después viste a su hermana y las dos van a la cocina para desayunar. Cuando terminan, Cristina lleva a Carmina al cuarto de aseo y la ducha, la seca, la viste, la peina, la lleva al salón, la sienta en el sofá y le pone los dibujos animados en la televisión. Mientras tanto ella se ducha, se viste y se peina. A las 8:30 salen de casa y Cristina acompaña a su hermana Carmina hasta la guardería. Por último, ella toma el autobús para ir al colegio.

PRÁCTICA

1 Estudia el vocabulario y rellena los espacios libres con los verbos correctos como en el modelo. 次の語句の意味を調べて、下の表の空欄に適切な動詞を入れましょう。

ser	-español, francés, inglés, alemán, japonés, mexicano, argentino, peruano -alto, bajo, delgado, un poco gordo, joven, mayor, guapo, un poco feo, moreno, rubio -simpático, antipático, jovial, trabajador, vago, tranquilo, amable, travieso, cariñoso -médico, ingeniero, profesor, enfermero, empleado, camarero
estar	-enfadado, cansado, ocupado, enfermo, alegre, triste, contento, soltero, casado, retirado -bien, mal, de buen / mal humor
tener	-frío, calor, hambre, sed, sueño, miedo, buen / mal carácter -los ojos azules / marrones / negros / verdes -el pelo negro / rubio / canoso -22 / 26 / 38 años, -clase, vacaciones, dinero
llevar	-gafas -un traje azul / blanco / negro -el uniforme azul -un jersey rosa / amarillo / verde -una falda corta / larga -unos pantalones negros / cortos / estrechos -unos zapatos marrones
trabajar	-en un banco / hospital / hotel / supermercado -en una universidad / empresa / tienda
hablar	-español, inglés, alemán, francés, italiano, japonés
practicar	-deportes, el fútbol, el baloncesto, el tenis, el béisbol
hacer	-gimnasia, yoga

例）Ellos _son_ ingleses. _Trabajan_ en un banco. _Hablan_ inglés y un poco de español. _Llevan_ un traje azul. _Son_ jóvenes, altos y simpáticos, pero un poco vagos. _Tienen_ el pelo corto. _Practican_ el fútbol y el tenis.

1) Ella _____ enfermera. _____ 25 años y _____ soltera. _____ en el hospital La Paz. _____ los ojos verdes y el pelo rubio. _____ francés. _____ el tenis. _____ el uniforme azul. _____ alta, cariñosa y muy alegre.

2) Nosotros _____ estudiantes. _____ delgados y amables. _____ 18 años. Ahora _____ muy contentos porque _____ vacaciones. No _____ dinero, por eso _____ por horas en un hotel. _____ japonés y un poco de inglés.

3) Él _____ 75 años. Él _____ ingeniero. Ya _____ retirado, por eso ya no _____. Siempre _____ de buen humor. _____ muy jovial. _____ el pelo canoso. _____ un jersey negro y unos pantalones blancos.

4) Siempre _____ muy alegre. _____ 11 años. _____ el fútbol con sus amigos. _____ el pelo rubio y _____ muy guapo. _____ los ojos azules y el pelo corto. _____ gafas. A veces su madre _____ enfadada con él porque _____ muy travieso.

2 Mira las imágenes y haz como en el modelo. 例にならって動詞を適切な形にして入れ、当てはまる絵を選びましょう。

A) B) C) D) E)

F) G) H) I) J)

例) Cristina (peinarse) _se peina_. (A)   Cristina (peinar) _peina_ a su hermana. (I)

1) El padre (vestir) _____ al niño. ( )   El padre (vestirse) _____ ( )

2) La madre (levantar) _____ a la niña. ( )   La madre (levantarse) _____ ( )

3) La abuela (lavar) _____ la cara a su nieta. ( )   La abuela (lavarse) _____ la cara. ( )

4) El abuelo (ponerse) _____ los zapatos. ( )   El abuelo (poner) _____ los zapatos a la niña. ( )

3 Mira las imágenes y completa las frases con el verbo apropiado del recuadro. 枠内の動詞を適切な形にして入れ、文を完成させましょう。

| reírse | ponerse (2) | llevarse | enfadarse | divertirse |

例) 1) 2) 3) 4) 5)

例) Matilde _se pone_ nerviosa en los exámenes.

1) Nosotros _____ mucho en la clase de inglés.

2) Pedro _____ bien con sus compañeros de clase.

3) Cristina _____ el uniforme para ir al colegio.

4) Yo _____ en la clase de español.

5) Manuel _____ a menudo con su hermana.

4 Contesta a las siguientes preguntas. 自由に質問に答えましょう。

1) ¿A qué hora te levantas normalmente?   2) ¿Te duchas todos los días?

3) ¿Cómo vas a la universidad?   4) ¿A qué hora te acuestas?

5) ¿Te enfadas con tus hermanos?   6) ¿Cómo te diviertes en tu tiempo libre?

7) ¿Te lo pasas bien en la clase de español?   8) ¿Te pones nervioso/a en los exámenes?

9) ¿Te llevas bien con tus padres?

10) ¿Cómo pasas el tiempo con tus amigos? ¿De qué habláis?

GRAMÁTICA Y EJERCICIOS

1 直説法現在 ― 不規則動詞 (oír, venir, saber, conocer)
Los verbos: *oír*, *venir*, *saber*, *conocer*

07

oír (聞く、聞こえる)	
oigo	oímos
oyes	oís
oye	oyen

venir (来る)	
vengo	venimos
vienes	venís
viene	vienen

saber (知っている)	
sé	sabemos
sabes	sabéis
sabe	saben

conocer (知っている)	
conozco	conocemos
conoces	conocéis
conoce	conocen

conocer：「（体験的に）～を知っている」　　saber：「（知識・情報として）～を知っている」

チョット 確認 1　conocer, saber, oír, venir のいずれかを正しい形にして入れ、和訳しましょう。Completa con la forma adecuada del verbo *conocer*, *saber*, *oír* o *venir*.

1) Yo no _____ dónde vive Mariana.

2) A veces ellos _____ ruidos raros en su casa.

3) Yo _____ bien esta ciudad porque soy de aquí.

4) Nosotros _____ a la universidad en tren.

5) ¿_____ tú a los padres de tu novio?

6) ¿Tu padre _____ hablar bien español?

2 不定詞表現 Las perífrasis

08

1) tener que + 不定詞：「～しなければならない」 / no tener que + 不定詞：「～する必要はない」

Ahora tengo que limpiar mi habitación.　　No tienes que preocuparte tanto.

2) ir a + 不定詞 「～つもりだ、～だろう」

A: ¿Qué vas a hacer el sábado?　B: Voy a visitar a mis abuelos.

3 動詞 gustar El verbo *gustar*

09

	間接目的格 人称代名詞
(a mí)	me
(a ti)	te
(a él, a ella, a usted)	le
(a nosotros)	nos
(a vosotros)	os
(a ellos, a ellas, a ustedes)	les

gustar	主語
gusta	la música pop
	leer novelas
	cocinar y comer
gustan	los perros
	las series de televisión
	las películas románticas

gustar は「～に気に入る」という意味で、間接目的格人称代名詞を前置します。文法上の主語は gustar の後ろに置かれ、gustar は主語に合わせて活用されます。

チョット 確認 2　[　] 内には適切な人称代名詞を、下線部には動詞 gustar を入れて、文を完成させ和訳しましょう。Completa las frases con el pronombre y la forma adecuada del verbo *gustar*.

1) A: A [   ] me _____ los programas de música, ¿y a ti? B: A [   ] también.

2) A: A nosotros no [   ] _____ viajar, ¿y a vosotros? B: A [   ] sí.

3) A: ¿A tus amigos [   ] _____ cantar y bailar? B: No, no [   ] _____.

4) A: ¿A tu hermana mayor [   ] _____ los gatos? B: Sí, [   ] _____ mucho.

4 gustar 型動詞 Otros verbos del grupo de *gustar*

gustar 型動詞 interesar, parecer, encantar, doler (o → ue) は、gustar と同じように用いられます。

チョット 確認 3 [   ]内には適切な人称代名詞を、下線部には正しい形にした動詞を入れて、文を完成させ和
訳しましょう。 Completa las frases con el pronombre y verbos adecuados.

1) A: A ti, ¿qué [   ] _____ (parecer) ver esta película? B: [   ] _____ bien.

2) A: ¿Qué [   ] _____ (doler) a tu hijo? B: [   ] _____ (doler) los pies.

3) A: A mí no [   ] _____ (interesar) las novelas históricas, ¿y a ti?

   B: A [   ] sí me _____ (interesar).

4) A: A mis hermanas [   ] _____ (encantar) los dulces.

   B: Generalmente a las chicas [   ] _____ (gustar) mucho, ¿no?

5 所有形容詞（前置形と後置形）Los adjetivos posesivos

🎧
10

前置形	単数	複数
1人称	mi	nuestro
2人称	tu	vuestro
3人称	su	

後置形	単数	複数
1人称	mío 私の	nuestro 私たちの
2人称	tuyo 君の	vuestro 君たちの
3人称	suyo 彼（ら）の、彼女（たち）の、あなた（方）の	

所有形容詞後置形の用法

1) 名詞の後ろに置かれ、名詞の性・数に一致します。

   Una amiga mía es abogada.

2) ser の後ろに置かれ、補語になって所有を表します。

   Estas gafas de sol son mías.

3) 定冠詞 + 所有形容詞後置形 = 所有代名詞

   A: Mis padres son de Kyushu. ¿De dónde son los tuyos? B: Los míos son de Okinawa.

チョット 確認 4 (   )内には適切な所有形容詞を下線部には定冠詞＋所有形容詞後置形を入れて文を完成させ、
和訳しましょう。 Completa las frases con la partícula adecuada.

1) Estos zapatos son (   ). ¿Cuáles son _____? [私の、君の]

2) A: ¿Dónde está (   ) coche? [私たちの]

   B: _____ está un poco más al fondo. [私たちの]

3) A: ¿Estos cuadros son de Elena? B: Sí, son (   ). [彼女の]

4) A: Estas llaves son (   ). ¿Dónde están _____? [私の、君の]

   B: _____ están en la mesilla. [私の]

VAMOS A VER

1 次の動詞の１人称単数の活用を書きましょう。 Escribe la forma correcta de los verbos.

1) (tener) yo _____
2) (ver) yo _____
3) (dar) yo _____

4) (saber) yo _____
5) (oír) yo _____
6) (conocer) yo _____

7) (ir) yo _____
8) (poner) yo _____
9) (decir) yo _____

2 例にならって、文を完成させましょう。 Construye las frases como en el modelo.

例）a Carlos, *gustar*, el tenis → *A Carlos le gusta el tenis.*

1) a tu amigo, *gustar*, la música clásica

2) ¿a ti, *gustar*, los gatos?

3) a Alex y a Julia, *interesar*, ver los partidos de fútbol

4) a Ricardo, *doler*, el estómago

5) a mis hermanas, *encantar*, el color rosa

3 枠内から適切な動詞を１つ選んで正しい形にして入れましょう。 Completa con el verbo adecuado del recuadro.

> conocer　ir　oír　querer　saber　tener

1) Julia no _____ al padre de Javier.

2) ¿_____ (tú) mi número de teléfono?

3) Desde mi casa (yo) no _____ los ruidos de la calle.

4) En las fiestas de amigos vosotros no _____ que llevar traje.

5) ¿Qué _____ (tú) a hacer este sábado?

6) (Yo) _____ tomar un zumo de naranja.

4 スペイン語訳が正しければ〇を、正しくなければ×を入れて誤りを直しましょう。 Corrige la palabra si es necesario.

1) 私たちの部屋　nuestro habitación　（　　）
2) 私の靴　mis zapatos　（　　）

3) 彼の両親　su padres　（　　）
4) 君たちの自動車　vuestros coche　（　　）

5) 君の姉　tu hermana　（　　）
6) 彼女たちの祖父　sus abuelos　（　　）

5 スペイン語に訳しましょう。 Traduce las siguientes frases al español.

1) 私は早起きしなければならない。

2) 私は買い物に行くのがまったく好きではありません。

3) 「君は頭が痛いの？」「いや、目が痛いんだ。」

4) この辞書は私のです。君のはどこにあるの？

5) パーティーにはたくさんの人（gente）が来るだろう。

DIÁLOGOS

Dos amigos van de compras

11

Julia: Oye, Ricardo. ¿Estás ocupado? Si quieres, vamos de compras.

Ricardo: Bueno, tengo que estudiar, pero voy a ir contigo porque quiero practicar mi español. ¿A ti te gusta ir de compras?

Julia: Sí, me encanta. En mi país suelo ir una vez al mes. Aquí, en España, es la primera vez que voy.

(En una tienda)

Ricardo: Oye, Julia. ¿Qué te parece esta falda rosa?

Julia: No está mal, pero a mí no me gusta mucho el color rosa. Prefiero el negro. Mira, aquí hay ropa de chicos. Este traje azul es muy bonito. Queda muy elegante con esa camisa blanca de rayas azules y esos zapatos negros. Además, no está mal de precio.

Ricardo: Yo prefiero la ropa cómoda. No me gusta nada la ropa formal.

Julia: Mira, este conjunto me encanta para ti. Es una chaqueta negra, una camisa blanca, y unos pantalones tejanos. Además, tiene el precio rebajado.

Ricardo: Sí, me gusta mucho, pero hoy no voy a comprar nada.

Julia: Este bolso es precioso, pero yo prefiero venir otro día más despacio y ver más tiendas. Lo importante es poder practicar nuestro español.

En el campo de fútbol

12

Julia: Yo no entiendo nada de fútbol y en mi país nunca lo veo. Pero hoy me hace mucha ilusión ver a los mejores equipos del mundo.

Alex: No te preocupes. Yo te lo voy a explicar todo detalladamente. Mira, ahora los jugadores están haciendo ejercicios de calentamiento antes de empezar el partido.

Julia: Alex, ¿qué equipo piensas que va a ganar el partido?

Alex: El Barcelona. Mira, los hinchas de los dos equipos empiezan a animar a sus equipos.

Julia: Bueno, pero, ¿qué pasa ahora? ¿Por qué grita la gente?

Alex: El árbitro pita un penalti a favor del Barcelona, pero el jugador falla y los hinchas del Real Madrid se ponen muy contentos.

Julia: El jugador con el número 10 del Real Madrid es muy rápido, ¿no?

Alex: Sí, y regatea muy bien. Mira, en este momento mete un gol.

Julia: ¿Por qué empiezan a gritar los hinchas del Barcelona?

Alex: Piensan que el jugador del Madrid mete el gol en fuera de juego.

Julia: ¡El fútbol es muy interesante! Desde ahora voy a venir a los partidos de fútbol.

PRÁCTICA

1 Mira las imágenes y escribe como en el modelo el nombre de la ropa y el color. 次の語句の意味を
調べたあと、絵を見ながら文を完成させましょう。

> camiseta   camisa   falda   gabardina   gafas de sol   chaqueta   jersey
> pantalones   calcetines   vestido   chaleco   blusa   cazadora

> blanco/a   negro/a   rojo/a   amarillo/a   azul   oscuro / claro
> verde   naranja   violeta   rosa   gris   marrón

> de rayas   a cuadros

例) 1) 2) 3) 4)

5) 6) 7) 8) 9)

例) Ella *lleva una falda rosa*. | 1) Él _____.
2) Ellos _____. | 3) Nosotros _____.
4) Él _____. | 5) Ellas _____.
6) Vosotros _____. | 7) Ellas _____.
8) Ustedes _____. | 9) Ella _____.

2 Mira las imágenes y escribe la ropa que llevan las siguienes personas. Da tu parecer y usa las
siguientes expresiones: *Me encanta este conjunto. / No está mal pero prefiero ... / No me
gusta nada la ropa de color ... / No me queda bien ...*   例にならって、絵の人たちが身につけている
ものを説明したあと、その服装に対するあなたの好みも伝えましょう。

例) 1) 2) 3) 4)

例) *Lleva una chaqueta azul, una camisa a cuadros y unos pantalones tejanos. El conjunto no está*
   mal, pero a mí no me gusta la camisa a cuadros, prefiero una camisa lisa.

1) Ricardo _____.
2) Ella _____.
3) Julia _____.
4) Marisa _____.

3 Mira las imágenes y escribe como les queda la ropa a las siguientes personas. 枠内の語を、必要
があれば適切な形にして、絵の人たちの服装について答えましょう。

corto   largo   pequeño   estrecho   grande   bien

例）   1)   2)   3)   4)   5)   6)

例） A Marisa le queda muy *bien* el vestido rosa.

1) A Miguel le quedan los pantalones muy _____.

2) A Carlos le queda el jersey muy _____.

3) A Lucía le queda la falda muy _____.

4) A Javier le quedan los pantalones muy _____.

5) A Luisa le queda la gabardina muy _____.

6) A María no le queda _____ la camisa.

4 Mira el modelo y practica con tu compañero. 例にならって、枠内の表現を使いながら、ペアで練習し
ましょう。

例） A: ¿Qué te parece *Tokio*?

B: Me parece *una ciudad muy interesante y divertida, pero un poco estresante.*

Tokio		interesante
el fútbol		divertido/a
la ciudad de Kioto	(muy)	difícil
la cultura japonesa	(un poco)	fácil
escalar montañas		aburrido/a
estudiar en el extranjero		estresante
estudiar lenguas		bonito/a
vivir en un pueblo pequeño		peligroso/a

5 Contesta a las siguientes preguntas. 自由に質問に答えましょう。

1) ¿Cuál es tu prenda favorita?

2) ¿Cuál es tu color favorito?

3) ¿Cuál es tu deporte favorito?

4) ¿Cuál es la ropa y el color que mejor te queda?

5) ¿Cada cuánto tiempo vas de compras?

6) ¿Qué te gusta hacer en tu tiempo libre?

7) ¿Cuál es el color que no te gusta nada?

8) Escribe qué ropa y color te pones para asistir a una fiesta formal.

13

1 比較級 La comparación

1) 優等比較：más + 形容詞 / 副詞 / 名詞 + que, 動詞 + más que

a) más + 形容詞 + que	Estos zapatos son más caros que esos.
b) más + 副詞 + que	Mis hermanos vuelven más tarde que yo.
c) más + 名詞 + que	Mi amiga tiene mucha más ropa que yo.
d) 動詞 + más que	Mi hermana menor estudia más que yo.

2) 劣等比較：menos + 形容詞 / 副詞 / 名詞 + que, 動詞 + menos que

a) menos + 形容詞 + que	Yo soy menos trabajadora que ella.
b) menos + 副詞 + que	Yo corro menos rápido que mis hermanos.
c) menos + 名詞 + que	Tú tienes menos tiempo libre que yo.
d) 動詞 + menos que	Nosotros leemos menos que tú.

3) 同等比較：tan + 形容詞 / 副詞 + como, tanto/-a/-os/-tas + 名詞 + como, 動詞 + tanto como

a) tan + 形容詞 + como	La gramática española es tan difícil como la francesa.
b) tan + 副詞 + como	Elena canta tan bien como su hermana mayor.
c) tanto/-a/-os/-tas + 名詞 + como	Yo tengo tantas amigas como tú.
d) 動詞 + tanto como	Mi colega trabaja tanto como mi jefe.

4) 不規則な比較級

形容詞		副詞	
原級	比較級	原級	比較級
mucho	más	mucho	más
poco	menos	poco	menos
bueno	mejor	bien	mejor
malo	peor	mal	peor
grande	mayor		
pequeño	menor		

□ mayor と menor は形のないものに、más grande と más pequeño は形のあるものに用います。
mayor は「年上の」、menor は「年下の」という意味でよく用いられます。

□ más と menos 以外の形容詞は数変化があります。

Mi padre tiene tres hermanos mayores y dos hermanas menores.
Tu coche es más grande que el mío.
Cocino mejor que mi hermano mayor.   Bailo peor que mi hermana menor.

チョット 確認 **1** （　　）内に適切な一語を入れましょう。Completa las frases.

1) このドラマは前のよりも面白い。　Esta serie es (　　　　　　) interesante (　　　　　) la anterior.

2) 今年は昨年より雨が降らない。　Este año llueve (　　　　) (　　　　　) el año pasado.

3) 私のいとこは私よりも２歳年下です。　Mi primo es dos años (　　　　　　) (　　　　　) yo.

4) 私の友達は私より歌がうまい。Mis amigas cantan (　　　　) (　　　　) yo.

5) 妹は母と同じくらいアイロン掛けが上手です。

　Mi hermana menor plancha (　　　　　) bien (　　　　　) mi madre.

6) 私は父と同じくらい多くの本を読む。　Yo leo (　　　　) libros (　　　　) mi padre.

7) そのテーマについては、彼は私と同じくらいたくさん知っている。

　Él sabe (　　　　) (　　　　) yo sobre ese tema.

2 最上級 El superlativo
14

> 定冠詞（＋名詞）＋ más ＋形容詞（＋ de 〜）

Carmina es la más alegre de mi clase.

・不規則な比較級も定冠詞を用いると最上級になります。

Pablo es el mayor de los hermanos.　　Esta película es la mejor de este año.

Ana es la menor de este grupo.

チョット 確認 **2** 例にならって最上級の文を作りましょう。Sigue el modelo.

例) estos cantantes / famoso / del país　　→　　*Estos cantantes son los más famosos del país.*

1) mi madre / trabajador / de la familia　　→　　_____

2) esta novela / bueno / de este año　　→　　_____

3) Ana y Pablo / inteligente / de la clase　　→　　_____

4) Mario / grande (年上) / de su grupo　　→　　_____

5) Esta casa / antiguo / de este pueblo　　→　　_____

3 現在分詞 El gerundio
15

規則形

-ar → **ando**	-er → **iendo**	-ir → **iendo**
cocin**ar** → cocin**ando**	volv**er** → volv**iendo**	sal**ir** → sal**iendo**

不規則形

i → y	leer → le**y**endo	oír → o**y**endo	ir → **y**endo
語幹母音変化	decir → d**i**ciendo	venir → v**i**niendo	dormir → d**u**rmiendo

現在分詞の用法

1) 進行形：estar ＋現在分詞　　A: ¿Qué estás haciendo ahora?　B: Estoy preparando la cena.

2) 副詞的用法：「〜しながら」　　Mi padre desayuna leyendo el periódico.

3) 時の経過：llevar ＋現在分詞　A: ¿Cuánto tiempo llevas viviendo en esta ciudad?

　　　　　　　　　　　　　　B: Llevo viviendo en esta ciudad dos años.

　　　　　　　　　　　　　　= Llevo dos años viviendo en esta ciudad.

4 関係代名詞 que El relativo *que*
16

1) que：人や物を先行詞とします（下線部が先行詞）。

La chica que está hablando con Ana es mi prima.

Esta es la chaqueta que quiero comprar.

2) 前置詞 ＋定冠詞 ＋que

Ese es el chico del que nos habla Pepe a veces.

La niña con la que está jugando José se llama Rosana.

VAMOS A VER

1 比較級を用いて文を完成させましょう。 Haz frases comparativas.

1) Javier: 22 años, Irene: 24 años   Javier es (   ) (   ) Irene.

2) yo: 160 cm, mi hermana: 160 cm   Soy (   ) alto (   ) mi hermana.

3) Pepe: 500 euros, tú: 360 euros   Tienes (   ) dinero (   ) Pepe.

4) Manuel: 7 horas, yo: 8 horas   Duermo (   ) (   ) Manuel.

5) tú: una vez al mes, yo: dos veces al año   Viajas (   ) (   ) yo.

2 例にならって最上級を用いて自由に答えましょう。 Haz frases como en el modelo.

例) {Tokio, Kioto, Nagoya}   Para mí *Kioto es la* ciudad *más* bonita de las tres.

1) { el español, el inglés, el chino }

    Para mí _____ idioma (   ) difícil de los tres.

2) { la primavera, el verano, el otoño }

    Para mí _____ estación (   ) agradable de las tres.

3) { el tenis, el béisbol, el fútbol }

    Para mí _____ deporte (   ) interesante de los tres.

3 現在進行形に書きかえましょう。 Pon la frase en presente continuo.

1) Hago los deberes.   2) Vemos la televisión.

3) Llueve mucho.   4) Los niños duermen en su habitación.

5) Miguel se baña.   6) Mi hijo lee el periódico.

4 関係代名詞 que を用いて、1つの文にしましょう。 Une las dos frases en una usando el relativo *que*.

1) ¿Quién es el chico? + El chico está hablando con el profesor.

→ ¿Quién _____ _____ ?

2) Estas son las novelas. + Quiero leer las novelas.

→ Estas son _____ .

5 スペイン語に訳しましょう。 Traduce las siguientes frases al español.

1) 私の父はラジオを聞きながら朝食を取ります。

2) 歌を歌っている女の子はラファエラという名前です。

3) 駅の正面にある本屋さんはとても大きい。

4) 今年は昨年よりも雪がたくさん降ります。

5) アンヘルは家族で一番の働き者です。

DIÁLOGOS

Diálogo 1   **En el mercado**

17

Marisa:	Hoy quiero hacer la compra para toda la semana. Luis, ¿me acompañas al mercado?
Luis:	Sí, vamos.

(En el mercado)

Marisa:	Hola, buenos días. ¿A cómo están las cerezas?
Tendero:	Bueno, tenemos estas a 7 euros con 99 céntimos el kilo y esas a 5 con 50. Estas son un poco más caras que esas, pero son mejores.
Marisa:	Entonces, ¿me pone medio kilo de estas?
Tendero:	Muy bien, aquí tiene. ¿Algo más, señora?
Marisa:	¿A cómo está el kilo de melocotones?
Tendero:	Está a 10 euros con 95. Son un poco caros porque no son de temporada.
Marisa:	¿Me pone un cuarto?
Tendero:	Sí, aquí tiene.
Marisa:	Luis, ¿qué prefieres, el melón o la sandía?
Luis:	A mí me gusta tanto el melón como la sandía, pero si tengo que escoger, escojo el melón.
Marisa:	Pues, ¿me puede poner un melón, por favor? Eso es todo.

Diálogo 2   **Conversación por teléfono**

18

Javier:	Hola, Mercedes. ¿Está tu hermana Laura?
Mercedes:	No, acaba de salir. Está paseando al perro, pero enseguida vuelve.
Javier:	Y tú Mercedes, ¿sigues estudiando en la universidad?
Mercedes:	Sí, todavía sigo estudiando. Ya tengo muchas ganas de graduarme. ¿Y tú, Javier, qué haces?
Javier:	Pues yo terminé los estudios de Ingeniería Industrial y ahora estoy trabajando en una empresa alemana. Me va muy bien. Oye, Mercedes. ¿Puedes decir a tu hermana Laura que la estoy esperando en la cafetería enfrente de tu casa?
Mercedes:	Vale, de acuerdo.

(En la terraza de la cafetería)

Laura:	Hola, Javier. ¿Cuánto tiempo sin verte?
Javier:	Hola, Laura. Mira, ese chico que está hablando con la señora rubia es Pedro, nuestro compañero de bachillerato. ¿Te acuerdas de él?
Laura:	¡Ah sí! Después lo saludamos.

PRÁCTICA

1 Mira el modelo y practica con tu compañero. 例にならって、ペアで値段を聞き合いましょう。

例）A: ¿A cómo está *el kilo* de *naranjas*?

B: Está a *tres (euros) con cuarenta y cinco (céntimos)* el kilo.

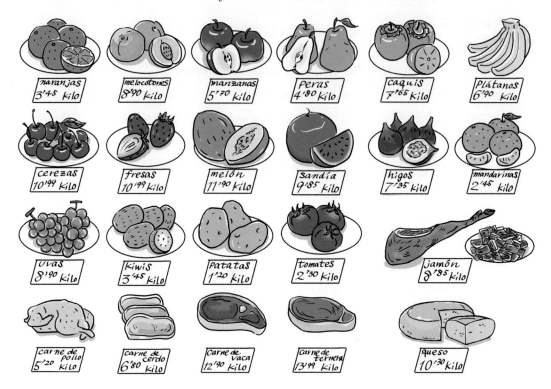

naranjas 3'45 kilo	melocotones 8'90 kilo	manzanas 5'70 kilo
peras 4'80 kilo	caquis 7'65 kilo	plátanos 6'90 kilo
cerezas 10'99 kilo	fresas 10'99 kilo	melón 11'90 kilo
sandía 9'85 kilo	higos 7'35 kilo	mandarinas 2'45 kilo
uvas 8'90 kilo	kiwis 3'45 kilo	patatas 1'20 kilo
tomates 2'30 kilo		jamón 8'85 kilo
carne de pollo 5'20 kilo	carne de cerdo 6'80 kilo	carne de vaca 12'90 kilo
carne de ternera 13'99 kilo		queso 10'30 kilo

2 Mira las imágenes anteriores, usa las palabras del recuadro y practica con tu compañero como en el modelo. 1に出てきた食べ物について、例にならって自由に文を作りながら、ペアで練習しましょう。

例）A: ¿Cuáles son más caras, las naranjas o las uvas?

B: Las uvas son más caras que las naranjas. / Las naranjas son más baratas que las uvas.

B: ¿Cuáles son más caras, las cerezas o las fresas?

A: Las cerezas son tan caras como las fresas.

3 Practica con tu compañero como en el modelo. 例にならってペアで、相手の好みを聞きあいましょう。

例）A: ¿Qué fruta te gusta más, *las naranjas* o *los melocotones*?

B: Los melocotones me gustan más que las naranjas. /

Los melocotones me gustan tanto como las naranjas.

4 Mira las imágenes y escribe lo que están haciendo estas personas. 例にならって、枠内の表現と現在進行形を使って、文を完成させましょう。

> escribir una carta   peinarse   secarse la cara   ducharse   montar en bicicleta
>
> pasear por la playa   hablar por teléfono   dormir en el sofá   cocinar   cantar
>
> jugar al fútbol   reírse   leer el periódico   comprar en el mercado   vestir al niño

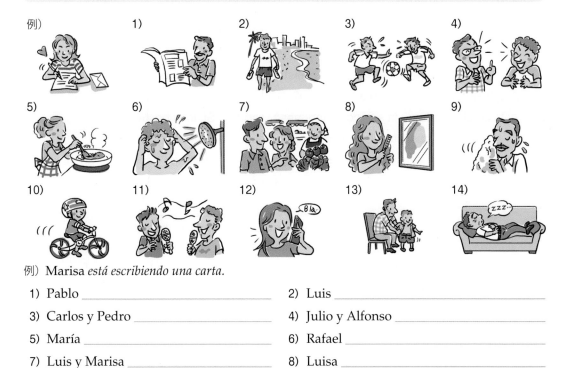

例）Marisa *está escribiendo una carta.*

1) Pablo _____
2) Luis _____
3) Carlos y Pedro _____
4) Julio y Alfonso _____
5) María _____
6) Rafael _____
7) Luis y Marisa _____
8) Luisa _____
9) José _____
10) Jorge _____
11) Carlos y Mariano _____
12) Laura _____
13) Roberto _____
14) Francisco _____

5 Mira las imágenes del ejercicio anterior y practica con tu compañero como en el modelo. 例にならって、4に出てきた人物について、ペアで質問しあいましょう。

例）A: ¿Cómo se llama *el señor que está durmiendo en el sofá?*   B: *Se llama Francisco.*

6 Contesta a las siguientes preguntas. 自由に質問に答えましょう。

1) ¿Comes mucha fruta?
2) ¿Cuál es la fruta que más te gusta?
3) ¿Cuál es la carne que más te gusta?
4) ¿Cuánto tiempo llevas estudiando en la universidad?
5) ¿Cuánto tiempo llevas viviendo en el mismo lugar?
6) ¿Cuánto tiempo llevas estudiando español?
7) ¿Cuánto tiempo llevas estudiando inglés?

GRAMÁTICA Y EJERCICIOS

1 直説法点過去 ― 規則動詞 El pretérito indefinido de indicativo ― Verbos regulares

19

tomar	
tom**é**	tom**amos**
tom**aste**	tom**asteis**
tom**ó**	tom**aron**

nacer	
nac**í**	nac**imos**
nac**iste**	nac**isteis**
nac**ió**	nac**ieron**

salir	
sal**í**	sal**imos**
sal**iste**	sal**isteis**
sal**ió**	sal**ieron**

・1人称単数のつづりが変化する動詞　bus**car**: bus**qué**, buscaste, ...

　lle**gar**: lle**gué**, llegaste, ...　empe**zar**: empe**cé**, empezaste, ...

・3人称のつづりが変化する動詞　leer: le**í**, le**íste**, le**yó**, le**ímos**, le**ísteis**, le**yeron**

　A: ¿Ayer llegaste a tiempo a la reunión?　B: No, llegué un poco tarde.

　A: Viste el partido de la selección japonesa, ¿no?　B: Sí, lo vi hasta el final.

　A: ¿Cuándo os casasteis?　B: Nos casamos hace tres años.

　A: ¿Cuándo empezaste a trabajar aquí?　B: Empecé a trabajar hace cinco años.

　A: ¿Dónde conociste a Carolina?　B: La conocí en una fiesta.

チョット 確認 1 （　　）内の不定詞を点過去の正しい形にし、和訳しましょう。さらに［　　］の主語に変えましょう。Completa con la forma adecuada del pretérito indefinido del verbo.

1) ¿Dónde (cenar, vosotros)＿＿＿＿＿ anoche?　　　　　　　　　　　　　　[ustedes]

2) ¿A qué hora (volver, tú)＿＿＿＿＿ a casa después de la fiesta?　　　　　[vosotros]

3) El avión (salir)＿＿＿＿＿ a las nueve en punto.　　　　　　　　　　　　[nosotros]

4) ¿Qué ciudades (visitar)＿＿＿＿＿ usted en Perú?　　　　　　　　　　　[vosotros]

5) Yo (acostarse)＿＿＿＿＿ muy tarde ayer.　　　　　　　　　　　　　　　[Antonio]

2 直説法点過去 ― 不規則動詞 El pretérito indefinido de indicativo ― Verbos irregulares

20

1) 語幹母音が変化する動詞

　a) 直説法現在で e → ie になる -ir 動詞 (sentir, preferir 等)

　sentir: sentí, sentiste, sintió, sentimos, sentisteis, sintieron

　b) 直説法現在で e → i になる -ir 動詞 (pedir, repetir, seguir, servir 等)

　pedir: pedí, pediste, pidió, pedimos, pedisteis, pidieron

　c) 直説法現在で o → ue になる -ir 動詞 (dormir, morir 等)

　dormir: dormí, dormiste, durmió, dormimos, dormisteis, durmieron

　A: ¿Durmió Ud. bien anoche?　B: Sí, dormí muy bien.

チョット 確認 2 （　　）内の不定詞を点過去の正しい形にし、和訳しましょう。さらに［　　］の主語に変えましょう。Completa con la forma adecuada del pretérito indefinido del verbo.

1) Después de cenar nosotros (pedir)＿＿＿＿＿ la cuenta.　　　　　　　[ellos]

2) Sus consejos no me (servir)＿＿＿＿＿ para nada.　　　　　　　　　　[su consejo]

3) Yo (repetir)＿＿＿＿＿ de sopa.　　　　　　　　　　　　　　　　　　[ellos]

4) Muchos jóvenes (morir)＿＿＿＿＿ en la guerra.　　　　　　　　　　　[su hermano]

5) ¿Hasta qué hora (seguir, tú)＿＿＿＿＿＿ estudiando ayer?　　　[los alumnos]

2) u 型 · i 型 · j 型など

a) u 型の動詞　　　i 型の動詞　　　　　j 型の動詞　　　b) その他

saber	
s*u*pe	supimos
supiste	supisteis
supo	supieron
estar, poder, poner, tener	

querer	
qu*i*se	quisimos
quisiste	quisisteis
quiso	quisieron
hacer, venir	

decir	
di*j*e	dijimos
dijiste	dijisteis
dijo	dijeron
traer, conducir	

ir / ser	
fui	fuimos
fuiste	fuisteis
fue	fueron

dar	
di	dimos
diste	disteis
dio	dieron

A: ¿Cuándo supisteis esa noticia?　B: La supimos ayer por la tarde.

A: ¿Por qué no me dijiste nada?　B: Te lo dije muchas veces, pero no me escuchaste.

A: ¿A dónde fueron Uds. en las vacaciones de verano?　B: Fuimos a España.

チョット　確認 3　（　）内の不定詞を点過去の正しい形にし、和訳しましょう。さらに [　] の主語に変えましょう。Completa con la forma adecuada del pretérito indefinido del verbo.

1) ¿Cuántos días (estar, tú)＿＿＿＿＿＿ en Londres?　　　[Elena y su marido]

2) ¿Cómo (venir)＿＿＿＿＿＿ ustedes aquí?　　　[vosotros]

3) Ella me (traer)＿＿＿＿＿＿ unos recuerdos de su viaje.　　　[ellos]

4) Ayer los estudiantes (tener)＿＿＿＿＿＿ el examen final de inglés.　　　[mi hermano]

5) ¿Qué (hacer, tú)＿＿＿＿＿＿ el domingo pasado?　　　[usted]

3　数（1~2000） Los numerales (1-2000)

21

1	uno	2	dos	3	tres	4	cuatro	5	cinco
6	seis	7	siete	8	ocho	9	nueve	10	diez
11	once	12	doce	13	trece	14	catorce	15	quince
16	dieciséis	17	diecisiete	18	dieciocho	19	diecinueve	20	veinte
21	veintiuno	22	veintidós	23	veintitrés	24	veinticuatro	25	veinticinco
26	veintiséis	27	veintisiete	28	veintiocho	29	veintinueve	30	treinta
31	treinta y uno	40	cuarenta	50	cincuenta	60	sesenta	70	setenta
80	ochenta	90	noventa	100	cien	101	ciento uno	200	doscientos
300	trescientos	400	cuatrocientos	500	quinientos	600	seiscientos	700	setecientos
800	ochocientos	900	novecientos	1000	mil	2000	dos mil		

・1 (uno) は男性名詞の前で un に、女性名詞の前で una になります。un niño　una niña

・21以降の uno で終わる数には、男性形と女性形があります。

　　veintiún años　veintiuna horas　treinta y un alumnos　　cincuenta y una palabras

・200 ～ 900には女性形があります。ochocientas personas　doscientas cuarenta horas

・十の位と一の位に0以外の数があれば y がはいります。

　　861 (ochocientos sesenta y un) yenes　　407 (cuatrocientos siete) euros

VAMOS A VER

1 例にならって（　　）内の主語に合わせて動詞を正しい形にし、さらに主語を複数にして活用しましょう。 Conjuga correctamente los verbos.

例）tomar (yo)   *tomé*   → (nosotros) *tomamos*

1) seguir (ella) _____ → _____

2) jugar (yo) _____ → _____

3) traer (usted) _____ → _____

4) dar (él) _____ → _____

5) lavarse (tú) _____ → _____

2 例にならって、主語は変えずに、点過去の文に書きかえましょう。 Sigue el modelo.

例）Estudio dos horas. → *Estudié dos horas.*

1) Luis y Marisa se casan en septiembre.

2) Vamos a cenar a un restaurante mexicano.

3) Ellos tienen un hijo y una hija.

4) Quiero visitar el Palacio de la Alhambra.

5) Me gusta tomar el sol.

3 正しい方に○をつけましょう。 Elige la forma correcta.

1) Anoche Cristina { se acostó / se acosté } muy tarde.

2) Ellos no me { dije / dijeron } nada.

3) El viernes pasado unos amigos míos { vinieron / vieron } a verme.

4) Ayer { supe / conocí } a la hermana de Felipe.

4 次の数をスペイン語でつづりましょう。 Escribe las cifras en español.

1) 24 horas　　2) 392 dólares　　3) 551 personas　　4) 806 kilómetros

5 スペイン語に訳しましょう。 Traduce las siguientes frases al español.

1) 君は昨日なぜ授業に遅刻したの？

2) これは私たちが昨日見た映画です。

3) 先週の土曜日私はグラナダに行きました。

4) 「君たちはいつスペイン語を勉強し始めたの？」「2年前に勉強し始めました。」

5) 「君は昨夜何時間眠りましたか？」「5時間眠りました。」

DIÁLOGOS

Diana enseña una foto de su familia a Luis
22

Diana: Mira, Luis. Este que está en el centro de la foto es mi abuelo Marcelo. Ese día celebramos su cumpleaños. Cumplió 80 años.

Luis: ¿Sí? Pues parece muy joven.

Diana: Nació el 15 de mayo de 1930 en Estella, un pueblo de la provincia de Navarra. Más tarde la familia se trasladó a Pamplona y a los 18 años entró en la Universidad de Navarra para estudiar Medicina.

Luis: O sea, tu abuelo es médico, ¿no?

Diana: Sí, se jubiló hace dos años. Trabajó mucho tiempo como cirujano en el prestigioso Hospital Navarra de Pamplona.

Luis: La mujer que está a su lado es su esposa, ¿no?

Diana: Sí, mi abuela Lucía. Ellos se conocieron en la universidad, se enamoraron y a los pocos años de terminar los estudios se casaron. Tuvieron dos hijos: mi tía Julia y mi padre Adolfo.

Luis: ¿Dónde viven ahora tus abuelos?

Diana: Vivieron muchos años en Pamplona, pero cuando se jubiló mi abuelo, ellos volvieron a Estella para vivir en la casa donde nació mi abuelo Marcelo.

¿Qué hiciste ayer?
23

Carmina: Hola, hijo. Anoche llegaste muy tarde. ¿Dónde estuviste?

Fede: Salí con unos amigos. Fuimos a cenar a un restaurante español.

Carmina: ¿Qué tal la cena?

Fede: Sí, fue muy buena. Comimos unos platos muy ricos.

Carmina: ¿Y después qué hicisteis?

Fede: Mamá, por favor. ¡Eres muy curiosa! ¡Preguntas mucho! Estuvimos en un bar y escuchamos música en vivo. Después fuimos a casa de un amigo para ver el partido de fútbol de la Liga Española entre la Real Sociedad y el Barcelona.

Carmina: ¿Qué equipo ganó?

Fede: ¡La Real Sociedad!

PRÁCTICA

1 Mira las imágenes y completa la frase con una expresión del recuadro como en el modelo. 例に
ならって、枠内の表現を使って、点過去の文を作りましょう。

例）nacer en ...   1) vivir en ...   2) estudiar derecho en ...   3) graduarse

4) empezar a trabajar como ...   5) conocer a su esposa en ...   6) casarse en ...

7) tener   8) trasladarse   9) jubilarse

例）   1)   2)   3)   4)

5)   6)   7)   8)   9)

例）Manuel *nació en* Cuenca en 1930.

1) Él _____ Madrid.

2) Él _____ la Universidad de Alcalá.

3) Él _____ a los 27 años.

4) Él _____ abogado en Barcelona.

5) Él _____ la universidad.

6) Ellos _____ la catedral de Cuenca.

7) Ellos _____ 3 hijos.

8) Ellos _____ a Madrid 10 años más tarde.

9) Él _____ a los 70 años.

2 Imagínate que tienes más de 70 años. Escribe tu biografía imaginaria. 70歳のときの自分を想像し
て、あなたの人生について書いてみましょう。

Nací en _____

_____

_____

_____

3 Usa las expresiones del recuadro y contesta a las preguntas. 例にならって、枠内の表現を参考にして、質問に答えましょう。

> ayer   hace tres días   hace una semana   hace un mes
> hace dos años   hace mucho tiempo ...

例）¿Cuándo viajaste por última vez? —*Hace dos semanas viajé a Taiwan.*

　　　　　　　　　　　　　　　　　　　　—*Yo no viajo.*

1) ¿Cuándo llegaste tarde a clase por última vez?

2) ¿Cuándo te pusiste enfermo/a por última vez?

3) ¿Cuándo leíste un libro por última vez?

4) ¿Cuándo comiste chocolate por última vez?

5) ¿Cuándo saliste con tus amigos por última vez?

6) ¿Cuándo cocinaste por última vez?

4 Mira lo que hizo Jorge la semana pasada y practica con tu compañero como en el modelo. 例にならって、枠内の表現を使って、ホルヘが先週したことをペアで質問しあいましょう。

> asistir a clase   ir a un concierto de música pop   jugar al tenis con sus amigos
> trabajar en una cafetería   estar en casa todo el día   salir a cenar fuera con sus amigos
> estudiar en la biblioteca de la universidad

例）lunes　　1) martes　　2) miércoles　　3) jueves　　4) viernes　　5) sábado　　6) domingo

例）A: ¿Qué hizo Jorge *el lunes de la semana pasada*?   B: *Asistió a clase.*

5 Ahora pregunta a tu compañero lo que hizo la semana pasada. 先週したことをペアで質問しあいましょう。

6 Prepara la biografía de un personaje famoso sin decir su nombre y léela delante de todos. Tus compañeros deben averiguar de quién se trata. 有名な人物の人生について、名前は明かさずに書きましょう。書き終わったらそれを発表して、誰についてのことなのか当ててもらいましょう。

7 Contesta a las siguientes preguntas. 自由に質問に答えましょう。

1) ¿En qué día, mes y año naciste?

2) ¿En qué año entraste en la universidad?

3) ¿Cuándo viajaste por primera vez? ¿A dónde fuiste? ¿Qué tal lo pasaste?

4) ¿Cuándo y dónde trabajaste por horas por primera vez?

25

1 直説法線過去 El pretérito imperfecto de indicativo — Verbos regulares e irregulares

24

規則形	-ar 動詞	-er 動詞	-ir 動詞
	estar	tener	venir
yo	est**aba**	ten**ía**	ven**ía**
tú	est**abas**	ten**ías**	ven**ías**
él, ella, usted	est**aba**	ten**ía**	ven**ía**
nosotros / nosotras	est**ábamos**	ten**íamos**	ven**íamos**
vosotros / vosotras	est**abais**	ten**íais**	ven**íais**
ellos, ellas, ustedes	est**aban**	ten**ían**	ven**ían**

不規則形	**ser**	**ir**	**ver**
yo	era	iba	veía
tú	eras	ibas	veías
él, ella, usted	era	iba	veía
nosotros / nosotras	éramos	íbamos	veíamos
vosotros / vosotras	erais	ibais	veíais
ellos, ellas, ustedes	eran	iban	veían

線過去の用法

1) 過去において継続中の行為や状態

Cuando yo **estaba** en el tren, me **encontré** con mi amiga.（線と点）

Cuando **empezó** a llover, todos **estábamos** en casa.（点と線）

Cuando yo **era** niño, **jugaba** en la calle hasta muy tarde.（線と線）

Cuando **era** joven, mi abuelo **trabajaba** de cocinero en Francia.（線と線）

2) 過去の習慣・反復的行為

De pequeño yo iba a la escuela andando con mi madre.

Todos los domingos yo practicaba deportes y mi hermana aprendía piano.

3) 時制の一致（主節が過去時制のとき従属節の中で）

Mi padre me dijo que estaba muy ocupado y no tenía tiempo para jugar conmigo.

Yo creía que ella pensaba casarse con él.

4) 現在における行為の丁寧な表現

Yo quería saber si vas a asistir a la reunión.

5) 過去の時刻

Cuando volví a casa anoche, ya eran las doce y media.

チョット 確認 1 次の動詞の直説法線過去の活用形を書きましょう。Conjuga los verbos.

1) trabajar　　2) salir　　3) pensar　　4) comer

チョット 確認 2 （　）内の不定詞を直説法線過去の正しい形にし、和訳しましょう。さらに［　］の主語に変えましょう。Completa con la forma adecuada del pretérito imperfecto del verbo.

1) Antes yo (acostarse)＿＿＿＿＿＿ muy tarde.　　　　　　　　[nosotros]
2) Los viernes Marcela (salir)＿＿＿＿＿ con sus amigos.　　[Marcela y su hermana]
3) De niño yo (ir)＿＿＿＿＿ en bicicleta hasta el río.　　[tú]
4) ¿Cómo (ser)＿＿＿＿ tú de pequeña?　　　　　　　　　　[tu hermana]
5) Entonces mi amigo no (saber)＿＿＿＿＿ conducir.　　　[vosotros]

2 点過去と線過去 El pretérito indefinido e imperfecto

🎧 25

点過去は、その継続時間や回数にかかわらず、過去に終了した行為を表します。

線過去は過去の事柄を、その始まりも終わりも示さずに、継続していることと捉えて表現します。

点過去は**結果・行為**を、線過去は**その時の状況・状態**を表します。

Mis abuelos **vivieron** en Perú treinta años. Cuando **vivían** en Lima, nació mi padre.

Mi padre **trabajó** en Okinawa un año. Cuando **trabajaba** allí, conoció a mi madre.

チョット 確認 3 （　）内の不定詞を直説法点過去か線過去の正しい形にし、和訳しましょう。Conjuga los verbos en pasado.

1) Antes (haber)＿＿＿＿＿ aquí un cine muy antiguo.
2) Cuando Ana (tener)＿＿＿＿＿ veinte años, (venir)＿＿＿＿＿ a vivir a Japón.
3) (Ser)＿＿＿＿＿ la una de la madrugada cuando yo (llegar)＿＿＿＿＿ a casa.
4) Nosotros (saber)＿＿＿＿＿ la noticia cuando (estar)＿＿＿＿＿ en casa.
5) Yo (tener)＿＿＿＿＿ que hacer la tarea y la (hacer)＿＿＿＿＿ ayer.
6) Cuando nosotros (salir)＿＿＿＿＿ de casa, (haber)＿＿＿＿＿ un terremoto.
7) Mi padre (trabajar)＿＿＿＿＿ de periodista cuarenta y cinco años.
8) Ellos (irse)＿＿＿＿＿ al terminar la clase.
9) Cuando yo (despertarse)＿＿＿＿＿, (nevar)＿＿＿＿＿ mucho.
10) Anoche nosotros (cenar)＿＿＿＿＿ por primera vez en un restaurante mexicano y nos (gustar)＿＿＿＿＿ mucho la comida.

VAMOS A VER

1 例にならって、主語は変えずに、線過去の活用形を書きましょう。 Sigue el modelo.

例）hablo → *hablaba*

1) hago → _____
2) fumas → _____
3) duermo → _____
4) siguen → _____
5) llueve → _____
6) dais → _____

2 例にならって、主語は変えずに、線過去の文に書きかえましょう。 Sigue el modelo.

例）Estudio en casa. → *Estudiaba en casa.*

1) Ellos van a la escuela en autobús. → De niños _____.
2) No hay nadie en la plaza. → _____.
3) Me gustan las ciudades grandes. → De joven _____.
4) Mi hija toca el piano. → _____ todos los días.
5) Salimos de copas por la noche. → Los viernes _____.

3 例にならって、線過去を用いて文を完成させましょう。 Sigue el modelo.

例）Tengo hambre. → Luis dijo que *tenía hambre.*

1) Maribel es muy optimista. → Luis dijo que _____
2) Mi hermana no come pescado. → Luis dijo que _____
3) Me siento muy mal. → Luis dijo que _____
4) Voy a pasar el verano en Alicante. → Luis dijo que _____
5) Me interesa el arte moderno. → Luis dijo que _____

4 文を結びつけましょう。 Relaciona.

1) Cuando me llamaste,   a) jugábamos al béisbol todos los días.
2) Ayer no pude ir al trabajo   b) cuando volvió mi hermano.
3) De pequeños   c) yo limpiaba mi habitación.
4) Eran las once de la noche   d) porque tenía fiebre.

5 スペイン語に訳しましょう。 Traduce las siguientes frases al español.

1) 弟が生まれたとき私は6歳でした。
2) 電話が鳴ったのは何時でしたか？
3) 彼は子どもの頃、自転車で学校へ通っていた。
4) ペペは胃が痛いと私に言った。
5) 以前、私は今より小食でした。

LECTURA Y DIÁLOGO

 ## Recuerdos de mi infancia
26

Hola. Me llamo Luis y vivo en Madrid. Me gusta mucho mi ciudad y me siento muy feliz aquí, pero a veces me gusta recordar cómo pasaba los veranos cuando era niño.

De pequeño iba con mi hermano al pueblo de mis abuelos. Era un pueblo muy bonito de la provincia de Ávila y estaba cerca de la Sierra de Gredos. Las casas y las calles eran de piedra. La casa de mis abuelos estaba a las afueras del pueblo y al lado pasaba un río no muy caudaloso. Todas las mañanas mi hermano y yo nos sentábamos a la vera del río para escuchar el sonido de sus aguas cristalinas y ver a los pececitos moverse buscando comida. En el río había un lugar espectacular con varias cascadas donde nos bañábamos jugueteando en sus aguas frías. Realmente pasábamos un verano muy divertido.

El verano de 1980 fue especial. Todo el mes de julio hizo un calor horrible y durante los primeros días de agosto estuvo lloviendo sin cesar una semana. El caudal del río aumentó tanto que inundó la casa de mis abuelos. La gente del pueblo nos ayudó a limpiar la casa y los muebles. Pasado un tiempo todo volvió a la normalidad. Finalmente, mis abuelos dieron una cena a los vecinos y amigos en el patio de la casa en acción de gracias por su ayuda. Todos comimos, bebimos, cantamos y bailamos hasta muy tarde. Fue una noche inolvidable.

Diálogo ## Mi cambio de vida
27

Beatriz: Hola, Mariano. Hace mucho tiempo que no te veía. Estás muy cambiado.

Mariano: Sí, mira, te cuento. El año pasado me sentía muy mal y fui al médico. Me hicieron muchos análisis. El médico me dijo que tenía que cambiar mis hábitos. Mi vida dependía de eso. Me dijo que tenía la tensión muy alta.

Beatriz: ¿Qué hiciste entonces?

Mariano: Pues mira, seguí los consejos del médico y mi vida cambió por completo. Dejé el tabaco, me hice vegano y empecé a hacer deporte. Dejé los dulces. También empecé a dormir unas 8 horas diarias. Gracias a todo esto mi carácter cambió y empecé a estar más relajado y ser más optimista. Ahora me siento mucho mejor y no tengo tanto estrés.

Beatriz: Sí, te veo muy bien. Tienes un aspecto inmejorable.

PRÁCTICA

1 Mira las imágenes y escribe lo que hacía Luis antes y lo que hace ahora.
枠内の表現を使って、ルイスが以前していたことと今していることを書きましょう。

> estar un poco gordo   ir al trabajo en coche   practicar el tenis con sus amigos
>
> no hacer deporte   trabajar en un banco   ser muy delgado
>
> estudiar en la universidad   acostarse muy tarde   vestir pantalones vaqueros
>
> acostarse a las once   vestir de traje y corbata   ir a la universidad en moto

例）   1)   2)   3)   4)   5)

例） Luis, antes *estudiaba en la universidad*. Ahora *trabaja en un banco.*

1) Antes _____. Ahora _____.

2) Antes _____. Ahora _____.

3) Antes _____. Ahora _____.

4) Antes _____. Ahora _____.

5) Antes _____. Ahora normalmente _____.

2 Mira las imágenes y escribe los hábitos que tenía antes Mariano y lo que hace ahora.
枠内の表現を使って、マリアノが以前していたことと今していることを書きましょう。

> comer mucha carne y dulces   fumar mucho   no fumar   dormir 8 horas
>
> hacer deporte   dormir poco   estar siempre muy preocupado
>
> ser más optimista y alegre   solo comer verduras   estar sentado todo el día

例）   1)   2)   3)   4)

例） Antes *comía mucha carne y dulces*. Ahora *solo come verduras.*

1) Antes _____. Ahora _____.

2) Antes _____. Ahora _____.

3) Antes _____. Ahora _____.

4) Antes _____. Ahora _____.

3 Lee la lectura de la página 29, mira las imágenes y contesta a las preguntas. 29ページの読み物を参考に、次の質問に答えましょう。

例)　　　　1)　　　　2)　　　　3)　　　　4)　　　　5)　　　　6)

例) ¿Cómo era el pueblo y dónde se encontraba?

　　—*Era un pueblo muy pequeño y estaba cerca de la Sierra de Gredos.*

1) ¿Cómo era la casa de sus abuelos? 2) ¿Qué había cerca de la casa de los abuelos?

3) ¿Qué les gustaba hacer?　　　　4) ¿Cómo era el lugar donde se bañaban y qué había?

5) ¿Qué pasó en el verano de 1980?　6) Cuando se normalizó todo, ¿qué hicieron sus abuelos?

4 Mira las imágenes y escribe lo que hacían los miembros de la familia de Marisa cuando ella llegó a casa. Usa los adjetivos del recuadro como en el modelo. マリサが帰宅したとき家族がしていたことを、枠内の表現と線過去を用いて書きましょう。

ocupado/a sentado/a aburrido/a divertido/a hambriento/a cansado/a preocupado/a

leer el periódico　limpiar la cocina　preparar los exámenes finales
ducharse　ver la tele　comer　hacer los deberes

例)　　　　1)　　　　2)　　　　3)　　　　4)　　　　5)　　　　6)

例) El padre *estaba cansado. Se duchaba.*

1) La madre _____ 2) El abuelo _____

3) El hermano mayor _____ 4) La hermana menor _____

5) La abuela _____ 6) El perro _____

5 Pregunta a tu compañero las siguientes preguntas. ペアで質問しあいましょう。

例) ¿Qué comida te gustaba antes y qué comida te gusta ahora?

　　—*Antes me gustaba la carne y ahora me gusta el pescado.*

　　—*Antes me gustaba la carne y ahora también.*　—*Antes no me gustaba la carne y ahora tampoco.*

1) ¿Cómo vestías antes y cómo vistes ahora?

2) ¿Cómo ibas a la escuela antes y cómo vas a la universidad ahora?

3) ¿Qué deporte practicabas antes y qué practicas ahora?

4) ¿A qué hora te acostabas antes y a qué hora te acuestas ahora?

5) ¿Qué te gustaba hacer antes en tu tiempo libre y qué te gusta hacer ahora?

1 過去分詞 El participio

🎧 28

規則形

-ar → -ado	-er → -ido	-ir → -ido
cant**ar** → cant**ado**	beb**er** → beb**ido**	ped**ir** → ped**ido**

leer → leído, oír → oído

不規則形

abrir	→	**abierto**	volver	→	**vuelto**	escribir	→	**escrito**	decir	→	**dicho**
cubrir	→	**cubierto**	morir	→	**muerto**	ver	→	**visto**	hacer	→	**hecho**
poner	→	**puesto**	freír	→	**frito**	romper	→	**roto**			

✏️ チョット 確認 **1** 不定詞を過去分詞にしましょう。Escribe el participio.

1) pensar →　　　　　　　　2) creer →　　　　　　　　3) llamar →

4) llover →　　　　　　　　5) decir →　　　　　　　　6) empezar →

過去分詞の用法

1) 形容詞のように用いられ、名詞の性・数に一致します。

　　Esta es una moto hecha en Japón.　　Mis abuelos tienen un gato llamado Tama.

2) ser + 過去分詞（+ por+ 動作主）：過去分詞は主語の性・数に一致します。

　　Esta casa fue construida por un arquitecto muy famoso.

　　Esta fiesta fue organizada por los estudiantes.

3) estar + 過去分詞：過去分詞は主語の性・数に一致します。

　　En España los domingos las tiendas están cerradas.

✏️ チョット 確認 **2** （　　）内の不定詞を過去分詞の正しい形にし、和訳しましょう。Completa las frases con la forma
adecuada del participio.

1) La cima del Monte Fuji está (cubrir)＿＿＿＿＿＿ de nieve.

2) Esta silla está (romper)＿＿＿＿＿＿.

3) A mis hijas les gustan las patatas (freír)＿＿＿＿＿＿.

4) Los cuadros de esta sala fueron (pintar)＿＿＿＿＿＿ por Picasso.

5) Los bancos están (cerrar)＿＿＿＿＿＿ a partir de las tres de la tarde.

2 直説法現在完了 El pretérito perfecto de indicativo

🎧 29

haber の直説法現在 + 過去分詞

he	hemos		hablado
has	habéis	+	comido
ha	han		vivido

☐ 過去分詞は性数変化しません。

1) 現在までに完了した事柄

A: ¿Ha llegado ya la carta que esperabas?　B: Sí, ya ha llegado.

A: ¿Habéis hecho los deberes?

B: No, no los hemos hecho todavía. ¿Vamos a hacerlos juntos?

2) 現在までの経験

A: ¿Has estado alguna vez en el extranjero?　B: No, no he estado nunca.

A: ¿Habéis probado el chocolate con churros?　B: No, solo hemos probado los churros.

3) 現在を含む期間内（hoy, esta mañana, esta semana, este mes, este año など）に生じた事柄

Esta semana hemos trabajado mucho.　　Hoy he cenado en un restaurante mexicano.

チョット　確認 3　（　）内の不定詞を直説法現在完了の正しい形にし、和訳しましょう。さらに［　］の主語に変えましょう。Completa con la forma adecuada del pretérito perfecto del verbo.

1) Yo (ver)＿＿＿＿＿＿＿＿ algunas películas españolas.　　　　　[nosotros]
2) Mariana todavía no (volver)＿＿＿＿＿＿＿＿ del trabajo.　　　　[Mariana y Ana]
3) ¿(Levantarse, tú)＿＿＿＿＿＿＿＿ temprano hoy?　　　　　　　　[vosotros]
4) ¿(Salir)＿＿＿＿＿＿＿＿ ya tu hermano para el colegio?　　　　　[los niños]
5) Este verano nosotros (viajar)＿＿＿＿＿＿＿＿ por toda Europa.　　[yo]

3　直説法過去完了　El pretérito pluscuamperfecto de indicativo

30

haber の直説法線過去 + 過去分詞

había	habíamos		hablado
habías	habíais	+	comido
había	habían		vivido

□ 過去分詞は性数変化しません。

1) 過去のある時点よりも前に完了した事柄

Cuando llegué a casa, mis padres ya habían cenado.

2) 過去のある時点までの経験

Yo nunca había subido a la Torre de Tokio hasta ayer.

チョット　確認 4　（　）内の不定詞を直説法過去完了の正しい形にし、和訳しましょう。Completa con la forma adecuada del pretérito pluscuamperfecto del verbo.

1) Cuando Carmen se casó, su marido ya (dejar)＿＿＿＿＿＿＿ de fumar.
2) Ellos dijeron que nunca (beber)＿＿＿＿＿＿＿ horchata.
3) Hasta entonces nosotros no (estar)＿＿＿＿＿＿＿ en Hokkaido.
4) Antes de venir a Japón, Mario ya (estudiar)＿＿＿＿＿＿＿ japonés en su universidad.
5) Pensaba que vosotros ya le (decir)＿＿＿＿＿＿＿ la verdad a vuestra madre.

VAMOS A VER

1 次の不定詞を、現在分詞と過去分詞にしましょう。 Escribe el gerundio y el participio.

	現在分詞	過去分詞
1) aprender	_____	_____
2) decir	_____	_____
3) nevar	_____	_____
4) oír	_____	_____
5) ver	_____	_____

2 枠内の動詞を過去分詞の正しい形にして入れ、文を完成させましょう。 Completa con el participio.

> abrir   escribir   recibir   ser   usar

1) La presidenta fue (　　　　　　) por el rey.

2) Estos libros fueron (　　　　　　) por un escritor muy famoso.

3) A estas horas las tiendas todavía no están (　　　　　　).

4) Habéis (　　　　　) muy amables conmigo.

5) Ellos quieren comprar un coche (　　　　　).

3 例にならって、直説法過去完了を用いて文を完成させましょう。 Sigue el modelo.

例) He trabajado mucho.　　　　　　→ Carmen dijo que *había trabajado mucho*.

1) Hemos viajado por Tailandia.　　→ Carmen dijo que _____

2) Mi hija ha aprobado el examen.　→ Carmen dijo que _____

3) Todavía no me he lavado las manos.　→ Carmen dijo que _____

4) Ellos han conseguido un buen trabajo.　→ Carmen dijo que _____

4 (　　) 内の不定詞を直説法現在完了か過去完了の正しい形にして入れましょう。 Completa con el pretérito perfecto o el pretérito pluscuamperfecto.

1) Ayer David me dijo que (ver)_____ esta película.

2) ¿(Viajar, vosotros)_____ alguna vez en barco?

3) Esta mañana (despertarse, yo)_____ muy temprano.

4) Hasta entonces Julián no (montar)_____ en avión.

5 スペイン語に訳しましょう。 Traduce las siguientes frases al español.

1) この夏私たちは休暇をマラガで過ごした。

2) 「君はこの小説をもう読んだ？」「いや、まだ読んでいないんだ。」

3) 日本に来る前ペドロはおすしを食べたことがなかった。

4) 雨が降り始めたとき、私たちはもう帰宅していた。

5) この教会は1780年に建てられた。

DIÁLOGOS

Nuestro aniversario de boda
31

Marta: Miguel, ¿has comido ya?

Miguel: No, todavía no he comido. ¿Por qué me lo preguntas?

Marta: ¿Comemos juntos? Quiero consultar contigo una cosa.

Miguel: Está bien. Vamos a comer y hablamos.

Marta: Este año es nuestro aniversario de boda. Para celebrarlo, mi marido y yo hemos pensado viajar. Tú que has viajado por todo el mundo, ¿qué lugar nos recomiendas?

Miguel: Bueno, todo depende de vuestros gustos. Si queréis viajar por un lugar exótico como Egipto, Tailandia, Japón, etc. son lugares muy interesantes. También tenéis la opción de ir a algún país hispanoamericano. Allí no vais a tener problemas con el idioma.

Marta: Mi marido habla inglés.

Miguel: Entonces, os recomiendo visitar Japón. Yo he estado muchas veces y siempre me he sentido muy seguro y la gente me ha tratado con mucha amabilidad. La primera semana de abril puede ser un buen tiempo para viajar y ver los cerezos en flor.

Marta: Sí, eso es lo que queremos, seguridad. Voy a hablar con mi marido y vamos a preparar el viaje.

Diálogo entre amigos
32

Lourdes: Hola, Paco. Quería preguntarte por Antonio, nuestro compañero de la universidad. ¿Sabes algo de él?

Paco: Hace un mes estuve hablando con él. Me dijo que había estado muy ocupado preparando las Oposiciones para Abogados del Estado y que las había aprobado. Parece ser que ahora tiene un buen trabajo.

Lourdes: Entonces todo le va bien.

Paco: Bueno, no todo le va bien. Me dijo también que se había divorciado. Parece ser que había tenido problemas económicos. Tal vez pasó demasiado tiempo preparando las Oposiciones.

Lourdes: De todos modos, pienso que no tendrá problemas en rehacer su vida de nuevo.

PRÁCTICA

1 Marta y su marido van a viajar por primera vez a Japón. Mira el modelo y pregunta a tu compañero las cosas que han preparado (○) y las que todavía no han preparado (×). マルタ夫妻は日本に初めて行く予定です。例にならってペアで、もう済ませたこと（○）とまだ済ませていないこと（×）を質問しあいましょう。

> leer algún libro sobre Japón   cambiar euros en yenes   hacer la maleta
> montar en avión   comer la comida japonesa   comprar el billete de avión
> sacar el pasaporte

例）A: *¿Han leído Marta y su marido algún libro sobre Japón?*
　　B: *Sí, ya lo han leído. / No, todavía no lo han leído.*

例）○ / ×　　1) ×　　2) ○　　3) ○　　4) ×　　5) ×　　6) ○

2 Practica con tu compañero y pregúntale como en el modelo lo que han hecho. 例にならってペアで、現在完了を用いて質問しあいましょう。

例）A: ¿Qué han hecho *esta semana Luisa y Antonio*? B: *Han ido de excursión a Toledo.*
　　A: ¿Qué ha hecho *esta semana Alex*? B: *Ha jugado un partido de tenis.*

	Luisa y Antonio	Alex
esta semana	ir de excursión a Toledo	jugar un partido de tenis
este mes	cenar en un restaurante japonés	hacer un viaje de negocios a Londres
este año	viajar por Egipto	aprobar las oposiciones para abogado
este verano	pasar las vacaciones en Lugo	viajar por Asia

3 Ahora escribe las cosas importantes que has hecho. あなたがしたことを、現在完了を用いて書きましょう。

Esta semana: ....

Este mes: ....

Este año: ....

4 Escribe una pequeña redacción sobre lo que has hecho durante todo el año: a quién conociste por primera vez, qué cosas divertidas te han pasado, qué experiencias nuevas has tenido, etc. あなたが一年間に経験したこと（誰と知り合ったか、どんな楽しいことがあったか、どんな新しい体験をしたか等）を書きましょう。

5 Pregunta a tu compañero si ha hecho las siguientes cosas alguna vez. ペアで、現在完了を用いて質問しあいましょう。

例） A: *¿Has comido paella* alguna vez? B: *Sí, la he comido una vez / muchas veces.*

No, nunca la he comido.

例） comer paella

1) montar en avión

2) viajar al extranjero

3) cantar en público

4) trabajar de camarero/a

5) esquiar

6) conducir el coche

6 Practica con tu compañero y haced como en el modelo. Mieko antes de ir a España ha hecho unas cosas y otras no. 例にならってペアで、ミエコがスペインに行く前にしたこと（○）、まだしていないこと（×）を質問しあいましょう。

例） A: *¿Antes de ir a España Mieko ya había comido calamares en su tinta?*

B: *Sí, ya los había comido. /*

No, no los había comido.

例） comer calamares en su tinta ○/×

1) conocer a algún español en Japón   ×

2) echarse la siesta   ○

3) bailar flamenco   ×

4) estudiar español   ○

5) trabajar en un restaurante español   ○

6) leer un libro sobre España   ×

1 直説法未来 El futuro imperfecto

規則形

-ar 動詞

comprar	
compra**ré**	compra**remos**
compra**rás**	compra**réis**
compra**rá**	compra**rán**

-er 動詞

vender	
vende**ré**	vende**remos**
vende**rás**	vende**réis**
vende**rá**	vende**rán**

-ir 動詞

abrir	
abri**ré**	abri**remos**
abri**rás**	abri**réis**
abri**rá**	abri**rán**

不規則形

e 削除型		d 代入型		ce 削除型		ec 削除型	
saber		tener		hacer		decir	
sab**ré**	sab**remos**	ten**dré**	ten**dremos**	ha**ré**	ha**remos**	di**ré**	di**remos**
sab**rás**	sab**réis**	ten**drás**	ten**dréis**	ha**rás**	ha**réis**	di**rás**	di**réis**
sab**rá**	sab**rán**	ten**drá**	ten**drán**	ha**rá**	ha**rán**	di**rá**	di**rán**

e 削除型：haber : habré, ...　　poder : podré, ...　　querer : querré, ...

d 代入型：poner : pondré, ...　　salir : saldré, ...　　venir : vendré, ...

・未来を表す時の副詞（句）

mañana	pasado mañana	el próximo domingo
la próxima semana	el próximo mes	el próximo año
la semana que viene	el mes que viene	el año que viene

・未来の出来事や意向を表します。

A: ¿Qué harás el próximo sábado?　B: Iré al cine con mi amiga.

Dicen que este verano lloverá mucho.

・現在の出来事の推量を表します。

A: Tu hermano está viajando por Hispanoamérica, ¿no? ¿Ahora dónde estará?

B: No sé. Estará en Argentina.

チョット 確認 1 （　　）内の動詞を直説法未来の正しい形にし、和訳しましょう. さらに [　　] の主語に変えましょう。Completa con la forma adecuada del futuro imperfecto.

1) ¿Mañana (poder, tú)＿＿＿＿＿＿ venir a mi despacho?　　　　　　　　　[vosotros]

2) Hoy juega la selección japonesa de fútbol. ¿(Ver, vosotros)＿＿＿＿＿ el partido? [tú]

3) Nosotros (ir)＿＿＿＿＿ a la playa este fin de semana.　　　　　　　[ellos]

4) Yo (salir)＿＿＿＿＿ de Japón pasado mañana.　　　　　　　　　[mis amigos]

5) ¿Les (decir)＿＿＿＿＿ ella la verdad a sus padres?　　　　　　　[ellos]

2 直説法過去未来 El condicional

34

規則形

-ar 動詞

empezar	
empezaría	empezaríamos
empezarías	empezaríais
empezaría	empezarían

-er 動詞

ver	
vería	veríamos
verías	veríais
vería	verían

-ir 動詞

dormir	
dormiría	dormiríamos
dormirías	dormiríais
dormiría	dormirían

不規則形

e 削除型		d 代入型		ce 削除型		ec 削除型	
poder		salir		hacer		decir	
podría	podríamos	saldría	saldríamos	haría	haríamos	diría	diríamos
podrías	podríais	saldrías	saldríais	harías	haríais	dirías	diríais
podría	podrían	saldría	saldrían	haría	harían	diría	dirían

e 削除型：haber : habría, ...　　saber : sabría, ...　　querer : querría, ...

d 代入型：poner : pondría, ...　　tener : tendría, ..　　venir : vendría, ...

・過去から見た未来の出来事を表します。

Mi madre me dijo que hoy volvería a casa un poco tarde.

Patricia me escribió que vendría a Japón el mes que viene.

・過去の出来事の推量を表します。

¿Cuántos años tendría tu tía cuando se fue a trabajar a Nueva York?

Serían las dos de la madrugada cuando llegué a la terminal.

・現在の事柄を婉曲的に表現するときにも用いられます。

Me gustaría preguntarle una cosa.　¿Podrías pasarme la sal?

・条件を伴った推量

Yo que tú, iría a verlo en seguida.　Yo, en tu lugar, cambiaría de trabajo.

チョット 確認 2 (　　　) 内の動詞を直説法過去未来の正しい形にし、和訳しましょう。Completa con la forma adecuada del condicional.

1) ¿(Poder)＿＿＿＿＿＿ usted pensar un poco más eso?

2) Yo que ella, no (pasar)＿＿＿＿＿＿ sola por esa calle a esas horas.

3) Mi hijo (tener)＿＿＿＿＿ seis años cuando empezó a ver los dibujos aminados japoneses.

4) Yo pensaba que ellos no (llegar)＿＿＿＿＿＿ a tiempo para tomar el tren.

5) Isabel nos dijo que nos (esperar)＿＿＿＿＿＿ a la salida de la estación.

VAMOS A VER

1 次の不定詞を、直説法未来と過去未来にしましょう。Escribe el futuro y el condicional.

	未来	過去未来
1) ir (ella)	_____	_____
2) querer (ustedes)	_____	_____
3) cambiar (yo)	_____	_____
4) hacer (nosotros)	_____	_____
5) ponerse (tú)	_____	_____

2 例にならって、主語は変えずに、直説法未来を用いた「現在の出来事の推量」を表す文に書きかえましょう。Sigue el modelo.

例）Son las siete. → *Serán las siete.*

1) ¿Dónde está Jorge ahora? →

2) Su madre no sabe conducir. →

3) ¿De quién es este bolígrafo? →

3 例にならって、主語は変えずに、直説法過去未来を用いた「過去の出来事の推量」を表す文に書きかえましょう。Sigue el modelo.

例）Eran las siete. → *Serían las siete.*

1) Estaba nevando en las montañas. →

2) No había mucho tráfico. →

3) Cuando se casó, tenía 25 años. →

4 直説法過去未来の正しい形を入れて、婉曲的な表現を作りましょう。Completa con el condicional.

1) ¿(Poder)_____ usted ayudarme?

2) (Querer, yo)_____ pedirle un favor.

3) (Deber, vosotros)_____ decírselo enseguida.

4) Yo que tú, lo (pensar)_____ mejor.

5) Me (gustar)_____ ir a estudiar al extranjero.

5 スペイン語に訳しましょう。Traduce las siguientes frases al español.

1) 私の子どもたちは私に、図書館で勉強するつもりだと言いました。

2) 僕が君だったら、君ほどたくさん働かないだろう。

3) 次の日曜日、私はミゲルと夕食をするつもりです。

4) 君の友人は何時に来るんだろう？

5) もう少しお待ちいただけますか？

Mi viaje a Sevilla
35

La próxima semana voy a Sevilla. Iré en el tren AVE. Salgo el lunes y vuelvo a Madrid el miércoles. El tren sale a las 9 en punto. Tendré mucho cuidado en llegar antes de las 9 porque el AVE siempre sale a la hora. La previsión del tiempo dice que hará buen tiempo, pero el miércoles lloverá. Visitaré la Catedral y el Alcázar. La Catedral es espectacular. Es una de las catedrales más grandes del mundo. También visitaré el Alcázar, una fortaleza de estilo mudéjar. Es impresionante su arquitectura. También tiene un jardín precioso.

Si puedo, iré al barrio de Triana y pasearé por sus calles estrechas. Compraré en sus tiendas y tomaré unas tapas en sus bares. Después visitaré la Plaza de España, contemplaré su belleza y disfrutaré del flamenco callejero de las bailaoras sevillanas. Por la noche no sé dónde cenaré. En casi todos los bares de Andalucía se puede comer tapas riquísimas. Creo que iré al centro de la ciudad y entraré en los bares típicos de Sevilla para tomar unas tapas y disfrutar del ambiente sevillano. A los andaluces les encanta ir a los bares con su familia y amigos. No estoy seguro, pero creo que el martes haré una excursión en autobús por los Pueblos Blancos del sur de Andalucía.

No sé si podré hacer todo lo que quiero, pero intentaré aprovechar bien el tiempo antes de volver a Madrid.

¡Hay que divertirse!
36

Francisco: Oye, Mercedes, ¿estás libre la semana que viene?

Mercedes: ¿Por qué me lo preguntas?

Francisco: Es que tengo el plan de visitar Sevilla y los Pueblos Blancos del sur de Andalucía. ¿Quieres venir conmigo?

Mercedes: Yo iría contigo, pero tengo que preparar los exámenes.

Francisco: Mujer, todavía tienes dos semanas por delante para prepararlos. Yo que tú, viajaría para relajarme un poco.

Mercedes: Bueno, ya lo pensaré.

PRÁCTICA

1 Mira las imágenes, usa las expresiones del recuadro y escribe lo que va a hacer Francisco la próxima semana. 例にならってフランシスコが来週する予定のことを、枠内の表現を用いて書きましょう。

ir en el Ave   pasear por el barrio de Triana   tomar tapas por los bares del centro de Sevilla
llegar a Sevilla a las 11   visitar la Plaza de España   dejar las maletas en el hotel
salir de la estación de Atocha a las 9   visitar la Catedral y el Alcázar
disfrutar del flamenco callejero   hacer una excursión por los Pueblos Blancos

例)   1)   2)   3)   4)

5)   6)   7)   8)   9)

例) Francisco *saldrá de la estación de Atocha a las 9.*

1) _____
2) _____
3) _____
4) _____
5) _____
6) _____
7) _____
8) _____
9) _____

2 Contesta a las siguientes preguntas con el condicional. 直説法過去未来を用いて、自由に質問に答えましょう。

1) ¿Qué ciudad del mundo te gustaría visitar?

2) ¿Con quién te gustaría ir?

3) ¿Cómo irías?

4) ¿Cuántos días estarías?

5) ¿Qué lugares visitarías de la ciudad?

6) ¿Qué te gustaría comer?

3 Mira el modelo y aconseja a tu compañero. 例にならって直説法過去未来を用いて、ペアで練習しましょう。

> estar muy estresado   doler el estómago   estar deprimido
> trabajar demasiadas horas en la empresa   tener miedo de salir al extranjero
> no tener amigos

> cambiar de empresa   viajar   aprender algún idioma
> practicar algún deporte   ir a los baños termales   ir al médico
> hacerse miembro en un club

例） A: *Me duele mucho el estómago.* B: Yo que tú *iría al médico.*

4 ¿En el futuro harás las siguientes cosas? Mira el modelo y practica con tu compañero. 例にならって直説法未来を用いて、ペアで練習しましょう。

> casarse con un extranjero   poner tu propio negocio   trabajar en una multinacional
> viajar por Hispanoamérica   practicar deportes
> tocar algún instrumento musical   ser famoso

例） A: ¿Piensas que en el futuro *te casarás con un extranjero/a*?

B: Sí, pienso que *me casaré con un extranjero/a.*

Seguro que *no me casaré con un extranjero/a.*

No estoy seguro/a, pero pienso que *no me casaré con un extranjero/a.*

1 接続法現在 ― 規則動詞 El presente de subjuntivo ― Verbos regulares

37

-ar 動詞

viajar	
viaj**e**	viaj**emos**
viaj**es**	viaj**éis**
viaj**e**	viaj**en**

-er 動詞

beber	
beb**a**	beb**amos**
beb**as**	beb**áis**
beb**a**	beb**an**

-ir 動詞

escribir	
escrib**a**	escrib**amos**
escrib**as**	escrib**áis**
escrib**a**	escrib**an**

to*car* : to**que**, to**ques**, to**que**, to**quemos**, to**quéis**, to**quen**

pa*gar* : pa**gue**, pa**gues**, pa**gue**, pa**guemos**, pa**guéis**, pa**guen**

チョット 確認 **1** 次の動詞の接続法現在の活用形を書きましょう。Conjuga los verbos.

1) trabajar   2) aprender   3) abrir   4) llegar   5) buscar

2 接続法現在 ― 不規則動詞 El presente de subjuntivo ― Verbos irregulares

38

1) 直説法現在 1 人称単数をもとに変化する動詞（カッコの中は直説法現在 1 人称単数）

tener (tengo):　　tenga, tengas, tenga, tengamos, tengáis, tengan

salir (salgo):　　salga, salgas, salga, salgamos, salgáis, salgan

ofrecer (ofrezco): ofrezca, ofrezcas, ofrezca, ofrezcamos, ofrezcáis, ofrezcan

ver (veo):　　　　vea, veas, vea, veamos, veáis, vean

2) 語幹母音が変化する -ar/-er 動詞（カッコの中は直説法現在 1 人称単数）

entender (entiendo): enti**e**nda, enti**e**ndas, enti**e**nda, entendamos, entendáis, enti**e**ndan

empe*zar* (empiezo): emp**ie**ce, emp**ie**ces, emp**ie**ce, empecemos, empecéis, emp**ie**cen

poder (puedo):　　 p**ue**da, p**ue**das, p**ue**da, podamos, podáis, p**ue**dan

3) 語幹母音が変化する -ir 動詞（カッコの中は直説法現在 1 人称単数）

preferir (prefiero):　prefi**e**ra, prefi**e**ras, prefi**e**ra, prefi**r**amos, prefi**r**áis, prefi**e**ran

repetir (repito):　　rep**i**ta, rep**i**tas, rep**i**ta, rep**i**tamos, rep**i**táis, rep**i**tan

ele*gir* (elijo):　　　eli*j*a, eli*j*as, eli*j*a, eli*j*amos, eli*j*áis, eli*j*an

dormir (duermo):　 d**ue**rma, d**ue**rmas, d**ue**rma, d**u**rmamos, d**u**rmáis, d**ue**rman

チョット 確認 **2** 次の動詞の接続法現在の活用形を書きましょう。Conjuga los verbos.

1) venir   2) conocer   3) decir   4) oír

5) querer   6) volver   7) pedir   8) seguir

4) その他

ser	dar	estar	saber	ir	haber
sea	dé	esté	sepa	vaya	haya
seas	des	estés	sepas	vayas	hayas
sea	dé	esté	sepa	vaya	haya
seamos	demos	estemos	sepamos	vayamos	hayamos
seáis	deis	estéis	sepáis	vayáis	hayáis
sean	den	estén	sepan	vayan	hayan

 チョット 確認 3 次の動詞の主語を変えずに、接続法現在の活用形を書きましょう。Pon los siguientes verbos en el presente de subjuntivo.

1) habéis 　 2) estoy 　 3) es 　 4) van 　 5) sabemos 　 6) das

3 独立文における接続法 El uso del subjuntivo : la expresión del deseo y de la duda
39

1) tal vez, quizá(s) ＋接続法：可能性を表します。（確実性の高いときは直説法も用いられます。）

Tal vez Antonio no venga hoy porque está muy ocupado.

Quizá mis padres me dejen estudiar en el extranjero.

2) ojalá ＋接続法：願望を表します。

¡Ojalá nos veamos pronto! 　 ¡Ojalá el examen sea fácil!

3) que ＋接続法：願望、指示、間接的な命令を表します。

Que aproveche. 　 Que lo paséis bien en la fiesta. 　 Que te mejores pronto.

チョット 確認 4 接続法現在の正しい形を入れましょう。Completa con la forma adecuada del presente de subjuntivo.

1) Tal vez (hacer)_____ buen tiempo mañana.

2) Va a empezar el concierto. ¡Ojalá mi amiga (llegar)_____ a tiempo!

3) Que todo te (ir)_____ bien.

4) Quizás su padre no le (permitir)_____ viajar sola.

5) Que (descansar, tú)_____.

6) ¡Ojalá le (gustar)_____ estos regalos a Marta!

7) Quizá el tifón no (pasar)_____ por esta ciudad.

8) Que (tener, tú)_____ suerte.

VAMOS A VER

1 次の不定詞を、直説法現在と接続法現在にしましょう。Escribe el presente de indicativo y el de subjuntivo.

	直説法現在	接続法現在
1) sacar (usted)	_____	_____
2) traer (yo)	_____	_____
3) jugar (vosotros)	_____	_____
4) entender (tú)	_____	_____
5) ser (nosotros)	_____	_____

2 例にならって（　　）内の主語に合わせて動詞を接続法現在の正しい形にし、さらに主語を複数にして活用しましょう。Conjuga correctamente los verbos.

例）tomar (yo)　　　　*tome*　　　→　(nosotros) *tomemos*

1) pedir (ella)　　　_____　→　_____
2) saber (yo)　　　_____　→　_____
3) preferir (tú)　　_____　→　_____
4) estar (yo)　　　_____　→　_____
5) sentarse (usted)　_____　→　_____

3 例にならって、接続法現在を用いて文を書きかえましょう。Completa las frases con el presente de subjuntivo.

例）Creo que Patricia es de Valencia.　　　→ Tal vez *Patricia sea de Valencia.*

1) Seguro que ella viene a vernos.　　　　→ Quizás _____
2) Es verdad que Jorge sabe hablar bien el italiano. → Tal vez _____
3) ¿Sacará él buenas notas en el examen?　　→ Quizá _____

4 文を結びつけましょう。Relaciona.

1) Mañana iremos a la montaña.   a) Ojalá sean muy felices.
2) Quiero saber lo que ocurrió ayer.   b) Ojalá pueda llegar a tiempo.
3) Tengo mucha prisa.   c) Ojalá me lo cuente ella.
4) Ellos van a casarse en primavera.   d) Ojalá no llueva.

5 スペイン語に訳しましょう。Traduce las siguientes frases al español.

1) たぶん彼のいとこはあの工場で働いているんだろう。
2) おそらくマヌエルは私たちを待たないでしょう。
3) （君たち）よい旅行を！
4) 私の息子が早く戻ってきますように！
5) （君）試験に合格できればいいですね！

DIÁLOGOS

Fiesta de cumpleaños

 40

Marcelo: Hola Luisa. Te llamo porque el próximo sábado vamos a celebrar mi cumpleaños en mi apartamento. ¿Queréis venir? Mi novia y otros compañeros de trabajo van a asistir.

Luisa: Este fin de semana tenemos planeado ir a la sierra y quizás no podamos ir a tu cumpleaños. ¡Cuánto lo siento!

Marcelo: ¿Qué tiempo va a hacer este fin de semana?

Luisa: La previsión del tiempo dice que va a estar nublado, pero ojalá no llueva. Mi marido está muy estresado y tiene muchas ganas de hacer esta excursión a la montaña. De todos modos, si llueve, seguro que iremos a tu fiesta. Bueno, ¡que pases un feliz cumpleaños y que cumplas muchos años más!

Marcelo: Gracias. ¡Que tengáis un buen fin de semana en el campo!

Diálogo 2 **Año Nuevo**

 41

Martina: Vamos a brindar y que cada uno exprese un deseo para este año que empieza. Tú primero, Raúl.

Raúl: ¡Que mejore la economía del país!

Adela: ¡Que encuentre yo un buen trabajo!

Luis: ¡Que terminen las guerras!

Lidia: ¡Que desaparezca la discriminación en el mundo!

Carlos: ¡Que haya paz en todo el mundo!

Clara: ¡Que todos los niños disfruten de un hogar sano!

José: ¡Que la justicia y la democracia reinen en todas partes!

Martina: ¡Ojalá que todos nuestros deseos se hagan realidad!

PRÁCTICA

1 Mira el recuadro y las imágenes. Haz como en el modelo. 枠内の表現と接続法現在を用いて、文を書きましょう。

> descansar   ser feliz en su matrimonio   aprobar el examen
> tener un buen viaje   pasar unas buenas vacaciones
> hacer buen tiempo este fin de semana

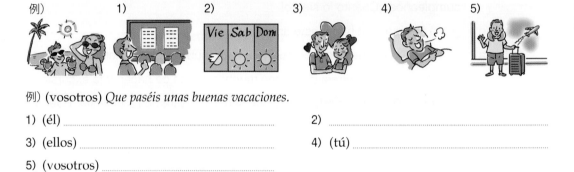

例) (vosotros) *Que paséis unas buenas vacaciones.*

1) (él) ....

2) ....

3) (ellos) ....

4) (tú) ....

5) (vosotros) ....

2 Mira el recuadro y las imágenes. Haz como en el modelo. 例にならって枠内の表現を用いて、ペアで練習しましょう。

> ver a Francisco   comprar un piso nuevo   ir de excursión   estudiar para el examen
> llamar por teléfono a Isabel   vender el coche   ir a la playa   ver un partido de fútbol

例) A: (vosotros) ¿*Veréis a Francisco?*   B: No sé, quizás *lo veamos.*

1) A: (ellos) _____   B: _____

2) A: (tú) _____   B: _____

3) A: (él) _____   B: _____

4) A: (ella) _____   B: _____

5) A: (vosotros) _____   B: _____

6) A: (tú) _____   B: _____

7) A: (ustedes) _____   B: _____

3 Mira el recuadro y las imágenes. Haz como en el modelo. 例にならって、枠内の表現と「ojalá+ 接続法現在」を用いて、文を書きましょう。

encontrar trabajo	(nosotros) llegar a tiempo	(ellos) darme vacaciones pronto
tocarnos la lotería	hacer buen tiempo	

例)   1)   2)   3)   4)

例) Necesitamos dinero. Ojalá *nos toque la lotería*.

1) Mañana ellos quieren ir a la montaña y ya está nublado.

2) Yo necesito descansar.

3) Yo necesito encontrar trabajo.

4) Ya es muy tarde. El tren va a salir.

4 Contesta como en el modelo. 例にならって、「ojalá / quizás + 接続法現在」と「seguro que ＋直説法未来」を用いて、質問に答えましょう。

例) ¿Dirá Rebeca la verdad?   *Ojalá / quizás <u>diga</u> la verdad.*

                                        Seguro que <u>dirá</u> la verdad.

1) ¿Llegará él a tiempo para coger el avión? _____

2) ¿No lloverá mañana? _____

3) ¿Será ella feliz en su matrimonio? _____

4) ¿Bajarán los precios? _____

5) ¿Tendrás vacaciones este fin de semana? _____

6) ¿Terminará la guerra? _____

7) ¿Viajarás este verano? _____

8) ¿Te casarás pronto? _____

9) ¿Encontrarás trabajo al terminar la universidad? _____

10) ¿En el futuro la gente tendrá más tiempo libre? _____

GRAMÁTICA Y EJERCICIOS

42

1 名詞節における接続法 El uso del subjuntivo en oraciones sustantivas

主節が次のような意味を表す場合、従属節の動詞は接続法になります。

1) 願望（querer, esperar）・命令（mandar, decir）・好み（gustar, encantar）・迷惑（molestar, importar）・許可（permitir）・禁止（prohibir）・忠告（aconsejar）・推薦（recomendar）の動詞

Quiero que leas este libro.   *cf.* Quiero **leer** este libro.

Espero que sigas trabajando aquí.   ¿Deseas que vaya contigo al hospital?

El médico me dice que beba menos.   *cf.* El médico me dice que **está** muy ocupado.

Me gusta que estés contenta en esta ciudad.

Me molesta que no quieras hablar sobre ese asunto.

□ mandar, permitir, prohibir, aconsejar, recomendar は、「間接目的格人称代名詞 + 動詞 + 不定詞」で言い換えることができます。

Te recomiendo que pruebes esta paella. = Te recomiendo **probar** esta paella.

La madre le manda que arregle su habitación inmediatamente.

= La madre le manda **arreglar** su habitación inmediatamente.

2) 感情の意味を持つ動詞（表現）

Me alegro mucho de que mi abuela esté mejor.   *cf.* Me alegro mucho de **estar** mejor.

Siento mucho que usted tenga que irse mañana.   *cf.* Siento mucho tener que **irme** mañana.

Me pone muy contento que los niños disfruten de la naturaleza.

Me da pena que te vayas mañana.

3) 疑惑・否定の意味を持つ動詞（表現）

No creo que esta situación cambie en seguida.   *cf.* Creo que esta situación **continuará**.

Dudo que puedas terminar ese trabajo el viernes.

4) 確信の意味を持つ表現の否定

No es cierto que mi padre deje de trabajar a los sesenta.

     cf. Es cierto que ellos se **van** a trasladar a vivir al campo.

No es seguro que ellos se vayan de luna de miel.

     cf. Es seguro que ellas **cambiarán** de plan.

No es verdad que ella sepa conducir.

     cf. Es verdad que ellos **son** simpáticos.

5) 評価判断・可能性の意味を持つ表現

Es necesario que empecemos cuanto antes.   Es mejor que vuelvas a casa pronto.

Es posible que este invento tenga éxito.

チョット 確認 1 （　　）内の動詞を接続法現在の正しい形にし，和訳しましょう。Completa con el presente de subjuntivo.

1) Es importante que (leer, tú)＿＿＿＿＿＿ esta carta.

2) Temo que Carmina (gastarse)＿＿＿＿＿＿ todo el dinero.

3) No es natural que (enfadarse, vosotros)＿＿＿＿ con el jefe.

4) Es mejor que usted (marcharse)＿＿＿＿ de aquí ahora mismo.

5) No es evidente que ellos (quedarse)＿＿＿＿ en la ciudad todo el verano.

6) Me alegro mucho de que (intentar, tú)＿＿＿＿ comprendernos.

7) Dudo que él (volver)＿＿＿＿ a visitar este pueblo.

8) El médico me aconseja que (hacer)＿＿＿＿ más ejercicio.

9) Esperamos que mucha gente (visitar)＿＿＿＿ tu nuevo restaurante.

10) La madre siente mucho que su hija (ir)＿＿＿＿ a vivir al extranjero.

チョット 確認 2 接続法現在か直説法現在の正しい形を入れましょう。Completa con la forma adecuada del presente de subjuntivo o el de indicativo.

1) Mi padre dice que (estar)＿＿＿＿ muy ocupado.

2) Mi padre me dice que (estudiar)＿＿＿＿ más.

3) No es cierto que él siempre (tener)＿＿＿＿ razón.

4) Es cierto que este año los precios (ir)＿＿＿＿ a subir mucho.

5) No pensamos que este año (nevar)＿＿＿＿ tanto como el año pasado.

6) Pensamos que la economía (recuperarse)＿＿＿＿ poco a poco.

7) Es seguro que muchos extranjeros (tener)＿＿＿＿ interés en la cultura japonesa.

8) No es seguro que ellos (llegar)＿＿＿＿ a tiempo.

9) Es mejor que nosotros (volver)＿＿＿＿ cuanto antes.

10) Es posible que él mismo (darse)＿＿＿＿ cuenta de sus errores.

2 序数 Los números ordinales

🎧 43

| 1º primero | 2º segundo | 3º tercero | 4º cuarto | 5º quinto |
| 6º sexto | 7º séptimo | 8º octavo | 9º noveno | 10º décimo |

・通常名詞の前に置き、名詞の性数に一致します。

la cuarta planta　　　el octavo piso

・primero と tercero は、男性単数名詞の前で -o が脱落します。

el primer ministro　　　el tercer día

チョット 確認 3 適切な序数を書き入れ、和訳しましょう。Completa con los ordinales.

1) Ellos viven en el (　　　　) piso y nosotros vivimos en el (　　　　) del mismo edificio. ［第9の、第7の］

2) Yo soy de (　　　　) curso, mi hermano menor es de (　　　　), y mi hermana menor es de (　　　　). ［第3の、第1の、第2の］

VAMOS A VER

1 例にならって、接続法現在を用いて書きかえましょう。Completa las frases con el presente de subjuntivo.

例) Quiero estudiar español. → Quiero que vosotros *estudiéis español*.

1) Me alegro de tener éxito en los negocios. → Me alegro de que ustedes _____

2) Siento no poder asistir a su boda. → Siento que tú no _____

3) Os recomiendo visitar el Palacio Real. → Os recomiendo que _____

4) Es mejor hacer deporte. → Es mejor que mi padre _____

5) Es importante ser puntual. → Es importante que vosotros _____

2 例にならって、否定文に書きかえましょう。Completa las frases con el presente de subjuntivo.

例) Es cierto que Luis quiere venir con nosotros. → No es cierto que *Luis quiera venir con ...*

1) Es seguro que Mario trabaja en esta compañía. → No es seguro que _____

2) Es verdad que ellos van a México este verano. → No es verdad que _____

3) Creo que sus amigos llegan a tiempo a la cita. → No creo que _____

4) Me parece que le gustan las películas españolas. → No me parece que _____

5) Pienso que Julio conoce a mi hermana. → No pienso que _____

3 序数に書きかえましょう。Escribe los ordinales.

例) uno → primero

1) seis →   2) nueve →   3) cinco →

4) ocho →   5) diez →   6) dos →

4 下線には序数を、（ ）には適切な語を枠内から選んで入れましょう。Completa con las palabras adecuadas y los ordinales.

artículo	capítulo	fila	vez

1) 1列目　la _____ （　　　　　）

2) 第3章　el _____ （　　　　　）

3) 4回目　la _____ （　　　　　）

4) 第7条　el _____ （　　　　　）

5 スペイン語に訳しましょう。Traduce las siguientes frases al español.

1) 今日の午後雨が降るとは（私は）思いません (creer)。

2) 私たちは君に（私たちを）手伝ってもらいたい (querer)。

3) （私は）君がもう行かなければならないのは残念だ (sentir)。

4) 先生は私たちにこの本を読むように言う (mandar)。

5) 彼らがパーティーに来ないのは珍しい (raro)。

DIÁLOGO Y LECTURA

Hoy comemos fuera
44

Marta: Hoy no tengo ganas de cocinar. Vamos a comer fuera. ¿A qué restaurante quieres que vayamos?

Luis: Yo prefiero que elijas tú.

Marta: Entonces vamos a ir al que fui la semana pasada con mi amiga Laura.

Luis: Ah, ¿estuviste con tu amiga Laura? ¿Qué te contó?

Marta: Parece ser que su hija quiere dejar el trabajo porque el ambiente no es muy bueno. Laura está muy preocupada, pero espera que su hija cambie de opinión y siga trabajando en el mismo lugar.

Luis: Sí. Es recomendable que su hija piense bien lo que va a hacer.

Las costumbres españolas
45

España es un país turístico por excelencia y por consiguiente mucha gente de todo el mundo lo visita todos los años. Muchos de ellos vienen para quedarse.

A los turistas les encanta su paisaje, su gastronomía, su clima y el carácter de los españoles. Del mismo modo a otros turistas les parecen raras, les sorprenden y les molestan algunas de sus costumbres. Por ejemplo, les sorprende que coman a las 2 de la tarde y cenen a las 10 de la noche y que, de lunes a sábado, de 2 a 5 de la tarde las tiendas estén cerradas y algunos se echen la siesta en verano.

A los extranjeros, especialmente a los nórdicos, les parece muy raro que los españoles saluden con besos en las dos mejillas a personas que conocen por primera vez. También les molesta que los españoles griten al hablar y digan palabras malsonantes.

PRÁCTICA

1 Mira el recuadro y las imágenes y completa las frases como en el modelo. 枠内の表現を用いて、文を完成させましょう。

> volver viajar ver hablar estar ir
> ser venir ayudar llenarse acompañar

例) 1) 2) 3) 4) 5)

6) 7) 8) 9) 10)

例) Necesito que me *acompañes* al hospital. Yo no puedo ir sola.

1) Espero que nuestros hijos _____ sanos y contentos de la excursión.

2) Hoy juega el Madrid y el Barcelona. Espero que el campo _____ de gente.

3) Quiero que (tú) _____ conmigo a España.

4) Prefiero que (tú) _____ a mi casa por la tarde, por la mañana estoy muy ocupado.

5) Deseo que mis hijos _____ bien el español y el inglés.

6) No quiero viajar en autobús. Prefiero que nosotros _____ en tren. Es más seguro.

7) Pili y Alex se van a casar esta primavera. Deseo que _____ muy felices.

8) Estoy muy ocupada en la oficina. Necesito que mi marido me _____ en las labores de casa.

9) No quiero que _____ tanto la televisión y estudies un poco más.

10) Deseo que mi familia _____ unida para resolver este problema.

2 Mira el modelo y escribe las frases libremente con las siguientes expresiones. 接続法現在を用いて、自由に文を作りましょう。

例) Prefiero que vosotros *vengáis a mi casa*.

1) Quiero que tú _____

2) Deseo que vosotros _____

3) Espero que ellos _____

4) Prefiero que ella _____

5) No quiero que tú _____

3 Mira el modelo y ofrece ayuda a las siguientes personas. 例にならって、「querer+ 接続法現在」を用いて、文を書きましょう。

例）¿Querer / vosotros / mi padre / os / llevar en coche a la estación?

→ *¿Queréis vosotros que mi padre os lleve en coche a la estación?*

1) ¿Querer / tú / yo / ir / a España contigo?

¿_____?

2) ¿Querer / vosotros / ellos / os / preparar la comida?

¿_____?

3) ¿Querer / vosotros / nosotros / os / esperar en el bar de la esquina?

¿_____?

4) ¿Querer / tú / yo / llamar por teléfono a tus padres?

¿_____?

5) ¿Querer / vosostros / ella / hacer la compra con vosotros?

¿_____?

4 Mira el modelo y completa las frases con las expresiones del recuadro. 枠内の表現と接続法現在を用いて、文を完成させましょう。

| jugar | llegar tarde | no decir | vender | sentarse |
| venir | salir de noche | gritar | saludar | dejar | seguir |

例）A mí me preocupa que mi hija *salga de noche*.

1) A los padres les molesta que sus hijos _____ la verdad.

2) A mí me encanta que los niños _____ con sus padres.

3) Me gusta que mis vecinos me _____ al verme.

4) Me molesta que la gente _____ al hablar en el tren.

5) Me pone muy nervioso que mis amigos _____ a la cita.

6) ¿Te importa que yo _____ junto a ti?

7) Me da pena que mis padres _____ la casa de mis abuelos.

8) A los padres no les gusta nada que su hija _____ la universidad.

9) Me parece raro que Alex no _____ a la fiesta.

10) Me pone muy contenta que mi hija _____ estudiando español.

5 Ahora escribe libremente una frase con cada una de las siguientes expresiones. 接続法現在を用いて、自由に文を作りましょう。

1) Me encanta que ....

2) No me gusta mucho que ....

3) Me preocupa que ....

4) Me molesta que ....

5) Me pone nervioso que ....

6) Me da pena que ....

GRAMÁTICA Y EJERCICIOS

1 関係節における接続法 El uso del subjuntivo en oraciones relativas

先行詞が**未知のもの**である場合や否定語の場合、関係節の動詞は**接続法**に、先行詞が**既知のもの**や特定されているものの場合、関係節の動詞は**直説法**になります。

1) 関係詞 que

Estoy buscando un informático que **sepa** manejar muy bien este sistema.

   cf. En esta empresa hay algunos que **saben** manejar esta máquina.

Pienso alquilar un apartamento que **esté** cerca de la universidad.

   cf. Mis abulelos tienen un piso que **da** al mar.

No hay nadie que **quiera** dejar esta empresa.

   cf. Tengo algunos amigos que **conocen** Perú.

2) その他の関係詞：donde, el / la / los / las que, lo que

Pienso trabajar en una empresa donde (/en la que) **trabajen** muchos extranjeros.

   cf. Conozco un restaurante donde (/en el que) **se reúnen** muchas personas de ese barrio.

Podéis pedir lo que **queráis**.   *cf.* ¿Podrías decirme lo que **piensas**?

Pueden salir los que **tengan** alguna cita.

   cf. Las que **vienen** por ahí son mis compañeras de la clase de español.

チョット 確認 1 接続法現在か直説法現在の正しい形を入れましょう。Completa con la forma adecuada del presente de subjuntivo o el de indicativo.

1) Quiero comer en un restaurante donde (comerse)_____ comida mexicana.

2) Prefiero alojarme en un hotel que (estar)_____ cerca del aeropuerto.

3) En esta clase hay algunos que (conocer)_____ España.

4) Necesitamos una chica que (poder)_____ cuidar a nuestra hija los sábados por la mañana.

5) Conozco a una persona mayor que (saber)_____ la historia de cómo empezó la guerra civil.

6) En esta temporada no hay ninguna serie de televisión que me (interesar)_____.

7) Vivo en una región donde no (hacer)_____ mucho frío.

8) Puedes decirme lo que (querer)_____, que yo no me enfado.

9) La que (llevar)_____ el vestido rojo es mi prima Beatriz.

2 副詞節における接続法 El uso del subjuntivo en oraciones adverbiales

1) 時：**cuando, mientras, antes de que, después de que, hasta que, en cuanto**

未来の（仮定的な）ことを表す場合、副詞節の動詞は接続法に、現在の習慣や過去の事実を表す場合、副詞節の動詞は直説法になります。

Cuando **vaya** a Madrid, quiero ver un partido de fútbol de la Liga Española.

   cf. Cuando **voy** a la universidad, siempre llevo la comida.

Quiero que me avises en cuanto **llegues** a la estación.

   cf. Mi hijo, en cuanto se **mete** en la cama, se duerme.

Podemos cenar juntos después de que **termine** la ceremonia.

☐ antes de que のあとは常に接続法になります。*cf.* 主語が一致するときは不定詞。

Vamos a volver a casa antes de que **empiece** a llover.

   cf. Tienes que lavarte las manos antes de comer.

2) 目的：**para que**「～するように」

主語が一致しないときは接続法になります。　*cf.* 主語が一致するときは不定詞。

Te presto el libro para que lo **leas** en casa.

cf. Trabajo por horas para pagarme los estudios.

3) 譲歩：**aunque**「たとえ～だとして」　*cf.*「～だけれども」と事実を述べる場合は直説法

Voy a viajar sola aunque no me lo **permitan** mis padres.

cf. Voy a viajar sola aunque no me lo **permiten** mis padres.

Aunque **llueva**, tienes que sacar al perro a pasear.

cf. Aunque **llueve**, tienes que sacar al perro a pasear.

4) 様態：**de manera (/ modo) que**「～するように、～のやり方で」

Tienes que explicar claramente de manera que todos te **entiendan** bien.

5) 条件：**en caso de que**「～の場合は」, **con tal de que**「～なら」,

     a condición de que「～いう条件で」, **a no ser que**「～でなければ」

Voy a llevarte al aeropuerto en caso de que nadie **pueda** llevarte allí.

Te voy a decir lo que pienso yo sobre este tema con tal de que no se lo **digas** a nadie.

チョット 確認 **2** 接続法現在の正しい形を入れましょう。Completa con la forma adecuada del presente de subjuntivo.

1) Mientras (estar, vosotros)_____ en Tokio, podéis visitar Nikkou y Kamakura.

2) Aunque no (tener, tú)_____ tiempo, a veces debes relacionarte con la familia.

3) Te voy a preparar todos los ingredientes para que (poder, tú)_____ cocinar en poco tiempo.

4) Te acompañaré a condición de que tú mismo se lo (decir)_____ al profesor.

5) Te ayudaremos con tal de que (ser, tú)_____ sincero.

6) Después de que (graduarse, tú)_____, vamos a viajar por Europa.

7) En caso de que vosotros no (asistir)_____ a la reunión, debéis avisarme.

8) Cuando (tener, tú)_____ todo preparado, puedes llamarme.

9) Las instrucciones deben ser más claras de manera que los ancianos (poder)_____ entenderlas.

VAMOS A VER

1 正しい動詞を選びましょう。Elige el verbo correcto.

1) No hay nadie que nos { lleva / lleve } a la estación.

2) Este es el hotel donde { trabaja / trabaje } mi primo.

3) Lo que { dicen / digan } ellos es una tontería.

4) Quiero comprar un ordenador que no { es / sea } tan caro.

5) Estamos buscando un piso que { da / dé } al mar.

2 正しい動詞を選びましょう。Elige el verbo correcto.

1) Me gustan mucho estos zapatos que me { compre / compré } el otro día.

2) A no ser que { vamos / vayamos } en taxi, no llegaremos a tiempo.

3) No puedes salir hasta que { te mejorarás / te mejores }.

4) Me piden que { baje / bajen } la música.

5) Normalmente me ducho antes de { desayunar / desayune }.

3 文を結びつけましょう。Relaciona.

1) Aunque no tengas ganas,   a) te llamaré por teléfono.

2) En cuanto termine la conferencia,   b) no iremos de excursión.

3) El profesor les habla despacio   c) tienes que verlo.

4) Pablo dice que quiere ser futbolista   d) para que lo entiendan bien.

5) En caso de que haga mal tiempo,   e) cuando sea mayor.

4 日本語に合うように、枠内から適切な語句を選びましょう。Elige las palabras correctas.

| cuando | cuanto | donde | lo que | los que |

1) 君の好きな場所で会いましょう。Podemos vernos (   ) quieras.

2) 君のしたいことをしていいよ。Puedes hacer (   ) quieras.

3) 好きなだけ食べていいよ。Puedes comer (   ) quieras.

5 スペイン語に訳しましょう。Traduce las siguientes frases al español.

1) 私は燃費のいい (consumir poca gasolina) 車を買いたい。

2) 明日来られる人は誰かいますか？

3) たとえ両親が許してくれなくても、私はこの夏旅行するつもりだ。

4) 君がもっと勉強するように、君にこの辞書をあげるよ。

5) 食べる前には手を洗おう。

Algunas costumbres españolas

48

Kenji: Llevo poco tiempo aquí en tu casa de la sierra y no entiendo por qué y para qué sirven algunas cosas que tenéis en casa. Por ejemplo, ¿para qué sirve esto?

María: Esto es un botijo y sirve para mantener el agua fresca en verano.

Kenji: Ah claro, es una especie de termo que antiguamente la gente lo usaba en verano. Otra pregunta. ¿Por qué tu marido abre la ventana donde están los jamones?

María: Lo hace para que entre el aire fresco de la sierra y así se curen los jamones.

Kenji: Ah claro, es como una nevera natural. La última pregunta, ¿por qué les cuentas a tus niños la misma historia todos los días?

María: Se la cuento para que se duerman. Les encanta que les cuente la misma historia todos los días, pero antes de que yo termine de contársela ya están dormidos.

Me dijiste que tenías novio

49

Ricardo: Oye, Martina, me dijiste que tenías novio, ¿no?

Martina: Sí, llevamos 5 años saliendo. Lo conocí aquí, en la universidad.

Ricardo: ¿Tenéis pensado casaros?

Martina: Sí, cuando mi novio encuentre un buen trabajo.

Ricardo: Iréis de viaje de luna de miel, ¿no?

Martina: Bueno, eso cuando ahorremos un poco.

Ricardo: ¡Pues, que seáis muy felices!

Ricardo y Martina salen a comer fuera

50

Está bien comer fuera. Nosotros lo solemos hacer de vez en cuando. Hoy nos apetece dar un paseo por el Madrid antiguo y buscar un restaurante que nos guste para comer. Si quieres comer fuera de casa puedes elegir entre muchas opciones, por eso está bien que haya muchos restaurantes.

Hoy vamos a comer en uno que está cerca de la Plaza Mayor donde no se come mal. Además, no es muy caro. Es conocido por sus tapas muy ricas, como: pulpo a la gallega, calamares a la romana, bacalao, croquetas y toda clase de bocadillos. También tienen paella de marisco y sangría. Espero que podamos conseguir mesa.

PRÁCTICA

1 Mira las imágenes y las expresiones del recuadro y escribe para qué sirven los siguientes objetos como en el modelo. 例にならって枠内の表現を使って、1）から5）の品物について説明しましょう。

mantener el agua fría   abrir las latas de conserva   abrir las botellas
licuar y mezclar los alimentos   sujetar con grapas
conservar las bebidas calientes o frías

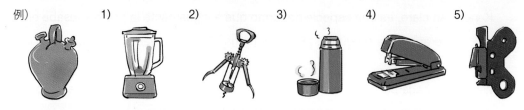

例）¿Para qué sirve *el botijo*? —*El botijo sirve para mantener el agua fría.*

1) (la batidora) _____

2) (el sacacorchos) _____

3) (el termo) _____

4) (la grapadora) _____

5) (el abrelatas) _____

2 Mira las expresiones del recuadro y las imágenes. Completa las frases con PARA QUE y el verbo en SUBJUNTIVO como en el modelo. 例にならって枠内の表現と「para que+ 接続法現在」を用いて、文を完成させましょう。

pasar toda la familia junta las vacaciones de verano   dormirse
(él) disfrutar con nosotros un buen fin de semana   empezar las vacaciones
(yo) viajar por todo el mundo   los alumnos entender bien su inglés

例）Mis padres han comprado un chalet junto al mar *para que pase toda la familia junta las*
vacaciones de verano.

1) Todos los años mis abuelos me dan un buen aguinaldo por Navidad _____.

2) La profesora habla muy despacio _____.

3) Solo faltan 5 días _____.

4) Lucas pasa por un mal momento y vamos a invitarlo a nuestra casa de la sierra _____
_____.

5) La abuela lee un cuento a sus nietos _____.

3 Mira el recuadro y contesta a las preguntas como en el modelo. 例にならって枠内の表現と「cuando ＋接続法現在」を用いて、質問に答えましょう。

> ponerse de acuerdo los políticos   (ellos) ahorrar un poco más
> terminar el partido de fútbol   (yo) tener tiempo   (vosotros) volver a Japón
> (ella) poder   (ellos) estudiar un poco más

例）¿Cuándo se va a terminar la guerra?   — *Cuando se pongan de acuerdo los políticos.*

1) ¿Cuándo te llamará ella?

2) ¿Cuándo se casarán Pablo y Martina?

3) ¿Cuándo nos volveremos a ver otra vez?

4) Pedro, ¿cuándo te vas a acostar?

5) Mamá, ¿cuándo vamos a ir de compras?

6) ¿Cuándo podrán graduarse ellos?

4 Mira el recuadro y usa uno de los relativos QUE o DONDE y haz frases como en el modelo. 例にならって枠内の表現と、関係詞 que または donde を使って、文を完成させましょう。

> estar junto al mar   ser del Real Madrid   haber comida típica japonesa
> comer tanto como tú   ser barato   los niños no poder alcanzarlos
> saber chino

例）Queremos comprar un chalet *que esté junto al mar.*

1) No conozco a nadie _____.

2) ¿Puedes poner los caramelos en un lugar _____?

3) Quiero alojarme en un hotel _____.

4) Quiero comer en un restaurante _____.

5) Busco una secretaria _____.

6) Quiero comprarme una camiseta _____.

5 Contesta a las siguientes preguntas. 自由に質問に答えましょう。

1) ¿Para qué estudias español?   2) ¿Para qué estudias en la universidad?

3) ¿Para qué quieres hacer amigos?   4) ¿Piensas viajar por el extranjero?

5) ¿Cuándo quieres ir?   6) ¿Para qué quieres ir?

GRAMÁTICA Y EJERCICIOS

1 命令表現 El imperativo

51

1) tú と vosotros に対する肯定命令：命令法を用います。

   tú に対する肯定命令は、直説法現在3人称単数と同形です。

   vosotros に対する肯定命令は、不定詞の語尾の -r を取って -d をつけます。

	hablar	comer	vivir	comenzar	volver	pedir
tú の肯定命令	habl**a**	com**e**	viv**e**	comienz**a**	vuelv**e**	pid**e**
vosotros の肯定命令	habla**d**	come**d**	vivi**d**	comenza**d**	volve**d**	pedi**d**

   Cierra la puerta.   Bebe mucha agua.   Pide lo que quieras.

   Leed el texto.   Venid cuanto antes.   Haced la tarea para mañana.

2) tú に対する不規則な肯定命令

hacer	poner	salir	tener	venir	decir	ir	ser
haz	**pon**	**sal**	**ten**	**ven**	**di**	**ve**	**sé**

   Haz los ejercicios.   Pon la tele.   Sal de este salón.

   Ven acá.   Sé bueno.   Ten cuidado.

チョット 確認 **1** 次の動詞を tú と vosotros に対する肯定命令にしましょう。Escribe el imperativo.

1) estudiar   _____ / _____   2) aprender   _____ / _____

3) escribir   _____ / _____   4) pensar   _____ / _____

5) venir   _____ / _____

3) その他の人称に対する肯定命令と否定命令は接続法現在を用います。

   nosotros に対する命令は、「〜しましょう」の意味になります。

	肯定命令	否定命令
tú に対する命令	直説法現在3人称単数	接続法現在
usted に対する命令	接続法現在	接続法現在
nosotros に対する命令	接続法現在	接続法現在
vosotros に対する命令	不定詞の語尾の -r を -d に変換	接続法現在
ustedés に対する命令	接続法現在	接続法現在

   Trae un poco más de pan, por favor.   Salgamos a la calle.   Firmen aquí.

   No vengáis en coche.   No tengas tanta prisa.   No comáis en la clase.

   Apague la luz.   Suban por esta escalera.   Empecemos ahora mismo.

チョット 確認 2 次の動詞を tú, vosotros, nosotros, usted, ustedes に対する肯定・否定命令にしましょう。
Completa la tabla.

		tú	vosotros	nosotros	usted	ustedes
cantar	肯定命令					
	否定命令	No .	No .	No .	No .	No .
decir	肯定命令					
	否定命令	No .	No .	No .	No .	No .
tener	肯定命令					
	否定命令	No .	No .	No .	No .	No .

2 命令表現での代名詞の位置 El imperativo y el pronombre 🎧 52

1) 肯定命令：目的格代名詞も再帰代名詞も、動詞の末尾に直結されます。

　　アクセント符号の付加に注意しましょう.

Pásame el aceite.　　　Tráigame las llaves.　　　Vete a la cama.

Acuéstate ya.　　　　　Díganos el resultado.　　　Ponte el sombrero.

□ 再帰動詞の nosotros に対する命令：語尾の -s が脱落します。
　　Sentemos + nos ⇒ Sentémonos.　　Pongamos + nos ⇒ Pongámonos.
□ 再帰動詞の vosotros に対する命令：語尾の -d が脱落します。
　　Levantad + os ⇒ Levantaos.　　　Bañad + os ⇒ Bañaos.

2) 否定命令：目的格代名詞も再帰代名詞も、動詞の直前に置かれます。

No les digan nada.　　　　No nos esperéis, por favor.　　　No os vayáis todavía.

No se quiten los zapatos.　　No me lo traigas.　　　　　　No te preocupes tanto.

チョット 確認 3 肯定命令は否定命令に、否定命令は肯定命令に変え、和訳しましょう。Sigue el modelo.

例）Piensa mucho. → *No pienses mucho.*　　　　No lo leas. → *Léelo.*

1) Sentémonos aquí. →_____

2) No me lo digas. →_____

3) Lléveselo. →_____

4) No abráis la ventana. →_____

5) No nos espere. →_____

6) No se lo den. →_____

7) Tráemelo. →_____

8) No se olviden de eso. →_____

9) Enseñadme las fotos. →_____

10) No te quedes aquí. →_____

VAMOS A VER

1 肯定命令と否定命令を書きましょう。Escribe el imperativo afirmativo y el negativo.

1) poner la radio (tú)

2) girar a la derecha (usted)

3) calentar la leche (tú)

4) hacer deporte (vosotros)

5) venir mañana (ustedes)

2 肯定命令、否定命令を書き入れ、表を完成させましょう。Completa la tabla.

		tú	vosotros	nosotros	usted	ustedes
lavarse	肯定命令					
	否定命令	No .	No .	No .	No .	No .
ponerse	肯定命令					
	否定命令	No .	No .	No .	No .	No .
acostarse	肯定命令					
	否定命令	No .	No .	No .	No .	No .

3 tú と vosotros に対する肯定命令にしましょう。Escribe el imperativo en la forma de *tú* y *vosotros*.

例）escribirme　　　　*Escríbeme. / Escribidme.*

1) traerme los libros

2) enviarle el paquete

3) esperarnos

4) decírmelo

5) levantarse temprano

4 目的格人称代名詞を用いて、tú に対する肯定命令で答えましょう。Sigue el modelo.

例）¿Apago la televisión? — Sí, *apágala.*

1) ¿Cierro la ventana? — Sí,　　　　　　　2) ¿Enciendo la calefacción? — Sí,

3) ¿Te enseño las fotos? — Sí,　　　　　　 4) ¿Te doy mi número de teléfono? — Sí,

5 スペイン語に訳しましょう。Traduce las siguientes frases al español.

1) そのメッセージを私に読んで。（tú）

2) ここに座りなさい。（vosotros）

3) 彼にこれらの書類（documentos）を渡して（dar）ください。（usted）

4) 今すぐ（ahora mismo）宿題をしなさい。（vosotros）

5) このパソコンを使わないでください。（ustedes）

LECTURAS

Instrucciones de la madre a su hija 53

Hola, hija. Me han llamado de la empresa y he tenido que salir urgentemente. Por favor, ayúdame y haz lo que te digo. A las 7:30 despierta a Elenita y a Luisito. Déjalos que ellos mismos se laven la cara y se vistan para ir al colegio, mientras tanto prepárales el desayuno. Calienta la leche y echa un poco de Cola Cao. Hazles dos tostadas a cada uno y ten cuidado de que no se te quemen.

Después vete con ellos hasta la parada del autobús. Al volver a casa saca la basura, limpia la casa y lava las copas de vino que tu padre dejó anoche en el fregadero. Ten cuidado y no las rompas, son muy caras.

Ayer me dijiste que te dolía la cabeza. Si te sigue doliendo, vete al aparador del salón y en el cajón de la derecha hay aspirinas. Tómate dos y descansa.

¡Gracias, hija, por tu ayuda!

Paella de marisco para cuatro personas 54

Usa los siguientes ingredientes: mejillones, un calamar, 8 langostinos, arroz, 5 pimientos verdes, un pimiento rojo, una cebolla, 2 tomates, sal, aceite de oliva, azafrán y limón. Primero prepara un caldo con los mejillones y las cabezas de los langostinos. Echa los mejillones en un cazo con agua y déjalo cocer a fuego fuerte durante 10 minutos para que se abran. Apaga el fuego y no tires el agua, guarda el caldo para después. Haz el sofrito y pon un chorro de aceite en la paellera. Luego echa la cebolla y los pimientos verdes cortados en pequeños trozos. Déjalo todo un par de minutos y echa los tomates. Después añade los langostinos y déjalos en el sofrito hasta que se pongan de color dorado, luego añade el calamar troceado. No apagues el fuego hasta que se evapore el agua. A continuación, echa el arroz, una taza por persona. Remuévelo bien durante un minuto para que el arroz absorba el sabor de los ingredientes, después añade el pimiento rojo cortado en tiras y echa el agua de los mejillones. El arroz tiene que quedar cubierto de agua. Muévelo por toda la paellera. Ponlo todo a fuego fuerte hasta que hierva el caldo. ¡Muy importante!, cuando empiece a hervir el arroz no lo remuevas. A continuación, añade el azafrán para que le dé color y sabor al arroz. Entonces adorna la paella con los mejillones y el pimiento rojo cortado en tiras. Baja el fuego y pon sal. Deja el fuego suave hasta que se evapore el caldo, unos 10 minutos aproximadamente. Cuando en la paella no quede caldo, apaga el fuego y cúbrela con un paño blanco durante 5 minutos. Sirve en la mesa con un trozo de limón. ¡Que aproveche!

PRÁCTICA

1 **Mira el recuadro y usa el imperativo como en el modelo.** 例にならって枠内の表現を使って、肯定命令と否定命令の文を作りましょう。

> cocer a fuego fuerte　　echar los mejillones en el cazo　　apagar el fuego
>
> hacer el sofrito　　poner un chorro de aceite en la paellera　　añadir los langostinos
>
> servir la paella con un trozo de limón　　remover el arroz
>
> adornar la paella con los mejillones　　cubrir la paella con un paño blanco

例)　　　　　1)　　　　　2)　　　　　3)　　　　　4)

5)　　　　　6)　　　　　7)　　　　　8)　　　　　9)

例) *Cuece a fuego fuerte. / No cuezas a fuego fuerte.*

1) _____ / _____
2) _____ / _____
3) _____ / _____
4) _____ / _____
5) _____ / _____
6) _____ / _____
7) _____ / _____
8) _____ / _____
9) _____ / _____

2 **Haz como en el modelo.** 例にならって、肯定命令と否定命令の文を作りましょう。

例) ayudarme　　　　→ *ayúdame (tú) / no me ayudes (tú)*

　　　　　　　　　　　　ayúdeme (usted) / no me ayude (usted)

1) sacar la basura　　_____ / _____

　　　　　　　　　　_____ / _____

2) despertarles　　　_____ / _____

　　　　　　　　　　_____ / _____

3) hacerles dos tostadas　_____ / _____

　　　　　　　　　　_____ / _____

4) calentar la leche　_____ / _____

　　　　　　　　　　_____ / _____

5) irse con ellos hasta la parada _____ / _____

_____ / _____

3 **Haz como en el modelo.** 例にならって、**tú** に対する肯定命令と否定命令の文を作りましょう。

例）¿Puedes abrir la ventana?　　*Abre la ventana. / No la abras.*

1) ¿Puedes apagar la televisión?　_____ / _____

2) ¿Puedes echar esta carta?　_____ / _____

3) ¿Puedes pagar esta factura?　_____ / _____

4) ¿Puedes sacar la basura?　_____ / _____

5) ¿Puedes escribir aquí?　_____ / _____

6) ¿Puedes responder?　_____ / _____

4 **Escribe el imperativo para usted.** 例にならって、**usted** に対する肯定命令と否定命令の文を作りましょう。

例）rellenar este papel　　*Rellene este papel.*

1) escribir aquí　_____

2) entrar por allí　_____

3) responder　_____

4) hablar más bajo　_____

5) no sentarse aquí　_____

5 **Practica con tu compañero. Estás en una fiesta de cumpleaños y quieres pedir permiso.** 誕生日パーティーの場でいろいろな許可を求めましょう。また、肯定命令または否定命令を使ってその依頼に答えましょう。

例）A: ¿Puedo *cambiar la música*? Es que *no me gusta*.

B: *Sí, claro, cámbiala. / No, no la cambies.*

1) subir el volumen de la música, no poder oírla bien

2) tomar un refresco, tener sed

3) abrir la ventana, hacer calor

4) encender la calefacción, tener frío

5) tomar un poco de tarta, tener hambre

6) bajar un poco la persiana, molestarme el sol

GRAMÁTICA Y EJERCICIOS

1 接続法現在完了 El pretérito perfecto de subjuntivo

55

接続法現在完了の活用：haber の接続法現在 + 過去分詞

haber :	haya	hayas	haya	hayamos	hayáis	hayan	+ 過去分詞

接続法現在完了は、直説法現在完了または直説法未来完了が接続法として用いられる場合に使います。

No conozco a nadie que haya dado la vuelta al mundo.

Me alegro de que tu madre haya salido del hospital.

Espero que hayas terminado el trabajo para el próximo viernes.（未来完了）

チョット 確認 1 接続法現在完了の正しい形を入れましょう。Completa con la forma adecuada del pretérito perfecto de subjuntivo.

1) No pienso que él (leer)＿＿＿＿＿＿＿＿ este libro.

2) Es una lástima que ellos no (poder)＿＿＿＿＿＿＿＿ comprar esa casa.

3) Me sorprende mucho que (venir)＿＿＿＿＿＿＿＿ tanta gente a la exposición.

4) Es natural que tu amiga (enfadarse)＿＿＿＿＿＿＿＿ contigo.

5) Está muy bien que mis padres (visitar)＿＿＿＿＿＿＿＿ algunos monumentos de Gaudí.

6) Cuando (terminar)＿＿＿＿＿＿＿＿ el trabajo, avísame.

7) Ha sido una buena idea que no (ir, tú)＿＿＿＿＿＿＿＿ de viaje con ellos.

8) Estoy muy contento de que mi hermano (terminar)＿＿＿＿＿＿＿＿ la Carrera de abogado.

9) ¡Qué bien que te (gustar)＿＿＿＿＿＿＿＿ mi regalo!

10) ¡Ojalá mi primo (llegar)＿＿＿＿＿＿＿＿ bien a su destino!

2 接続法過去 El pretérito imperfecto de subjuntivo

56

接続法過去の活用語尾には① -ra 形、② -se 形があります。

① –ra 形：直説法点過去3人称複数形の -ron を取り、**-ra, -ras, -ra, -ramos, -rais, -ran** をつけます。

② –se 形：直説法点過去3人称複数形の -ron を取り、**-se, -ses, -se, -semos, -seis, -sen** をつけます。

tomar (toma**ron**)		beber (bebie**ron**)		abrir (abrie**ron**)	
toma**ra**	toma**se**	bebie**ra**	bebie**se**	abrie**ra**	abrie**se**
toma**ras**	toma**ses**	bebie**ras**	bebie**ses**	abrie**ras**	abrie**ses**
toma**ra**	toma**se**	bebie**ra**	bebie**se**	abrie**ra**	abrie**se**
tomá**ramos**	tomá**semos**	bebié**ramos**	bebié**semos**	abrié**ramos**	abrié**semos**
toma**rais**	toma**seis**	bebie**rais**	bebie**seis**	abrie**rais**	abrie**seis**
toma**ran**	toma**sen**	bebie**ran**	bebie**sen**	abrie**ran**	abrie**sen**

次の表では、より頻繁に用いられる –ra 形だけを示しています。

ser / ir	poder	tener	decir	dormir	leer
fue**ron**	pudie**ron**	tuvie**ron**	dije**ron**	durmie**ron**	leye**ron**
fue**ra**	pudie**ra**	tuvie**ra**	dije**ra**	durmie**ra**	leye**ra**
fue**ras**	pudie**ras**	tuvie**ras**	dije**ras**	durmie**ras**	leye**ras**
fue**ra**	pudie**ra**	tuvie**ra**	dije**ra**	durmie**ra**	leye**ra**
fué**ramos**	pudié**ramos**	tuvié**ramos**	dijé**ramos**	durmié**ramos**	leyé**ramos**
fue**rais**	pudie**rais**	tuvie**rais**	dije**rais**	durmie**rais**	leye**rais**
fue**ran**	pudie**ran**	tuvie**ran**	dije**ran**	durmie**ran**	leye**ran**

1) 時制の一致：主節の動詞が過去時制になると、従属節の動詞も過去時制に変わります。

Quiero que vengas a verme cuanto antes. → Quería que vinieras a verme cuanto antes.

Es necesario que hagas ejercicio todos los días.

   → Era necesario que hicieras ejercicio todos los días.

No creo que Antonio deje de trabajar. → No creía que Antonio dejara de trabajar.

No hay nadie que sepa la verdad sobre ese asunto.

   → No había nadie que supiera la verdad sobre ese asunto.

2) 婉曲表現　　　　□ 婉曲表現では -se 形は使われません。

Quisiera pedirte una cosa.

3) 非現実的条件文：条件節は si + 接続法過去、帰結節は直説法過去未来を用います。

Si yo tuviera dinero, te compraría lo que quisieras.

4) 願望文

¡Ojalá tengas mucho éxito!　　□ Ojalá+ 接続法現在：実現の可能性がある願望

¡Ojalá mi hija fuera actriz!　　□ Ojalá+ 接続法過去：実現の可能性がほとんどないか、不可能な願望

（チョット）（確認 2）（　　）内の動詞を接続法過去 -ra 形の正しい形にし，和訳しましょう。Completa con la forma adecuada del pretérito imperfecto de subjuntivo.

1) No había ningún estudiante que (saber)＿＿＿＿＿＿ tocar el violín.

2) Temía que mis abuelos (perderse)＿＿＿＿＿＿ en el camino para venir a mi casa.

3) Nos aconsejaste que (visitar)＿＿＿＿＿＿ el museo.

4) Sentí mucho que usted no (poder)＿＿＿＿＿＿ ir conmigo al concierto.

5) El médico le prohibió a mi padre que (fumar)＿＿＿＿＿＿.

6) Si nosotros (salir)＿＿＿＿＿＿ ahora mismo, llegaríamos a tiempo a la reunión.

7) Deseaba que tú me (devolver)＿＿＿＿＿＿ el libro cuanto antes.

8) Quería llamarte antes de que (acostarse)＿＿＿＿＿＿.

9) Era importante que tú lo (practicar)＿＿＿＿＿＿ muchas veces.

10) ¡Ojalá mi hijo (ser)＿＿＿＿＿＿ astronauta!

VAMOS A VER

1 例にならって、主語は変えずに、接続法現在完了の活用形を書きましょう。Sigue el modelo.

例）he hablado → *haya hablado*

1) hemos comido →

2) has ido →

3) han roto →

4) habéis estado →

2 次の動詞の接続法過去 (-ra 形、-se 形) の活用形を書きましょう。Conjuga los verbos en pretérito imperfecto de subjuntivo.

1) volver　　 2) viajar　　 3) ser　　 4) pedir

3 例にならって、主語は変えずに、接続法過去 (-ra 形、-se 形) の活用形を書きましょう。Sigue el modelo.

例）habló → *hablara, hablase*

1) supe →

2) salimos →

3) oyó →

4) repetiste →

4 正しい動詞を選びましょう。Elige el verbo correcto.

1) Es cierto que ya { han llegado / hayan llegado } los invitados.

2) ¡Qué pena que vuestro equipo { ha perdido / haya perdido }!

3) Era posible que { sigan / siguieran } trabajando en la misma empresa.

4) El médico le dijo que { coma / comiera } más.

5 例にならって、下線の動詞を点過去に変えて、全文を書きかえましょう。Sigue el modelo.

例）Me <u>dicen</u> que no toque este cuadro.　　 → *Me dijeron que no tocara este cuadro.*

1) Me <u>alegro</u> de que os divirtáis en la fiesta. →

2) <u>Siento</u> que ella deje su trabajo.　　　　 →

3) Sonia me <u>aconseja</u> que vea esta película. →

6 スペイン語に訳しましょう。Traduce las siguientes frases al español.

1) 私は君に車の運転をしてほしくなかった。

2) イレネは娘に歯医者に行くようにと言った。

3) ペルーに行ったことがある人は誰かいますか？

4) 両親は私がこの大学に入ることを期待していた。

5) 君が試験に受かって私はうれしい。

DIÁLOGO Y LECTURA

De excursión por el Valle del Jerte
57

Mercedes: Que pena que se hayan terminado las vacaciones de primavera. ¡Con lo bien que lo hemos pasado en el Valle del Jerte! El panorama del valle con los cerezos en flor era espectacular.

Paco: Sí, han sido unos días maravillosos. Me alegro de que te lo hayas pasado tan bien. Qué lástima que tu hermano Felipe y su novia Laura no hayan venido con nosotros. Con lo que les gusta el campo y la naturaleza.

Mercedes: Sí, es verdad. En julio es la recogida de la cereza, ¿por qué no les invitamos a que vengan con nosotros a visitar esta región?

Paco: Me parece una buena idea. No creo que hayan visto un lugar tan bonito como ese.

Lectura **Sueños de un viejo nostálgico**
58

Si tuviera mucho dinero, viviría en un lugar como este. Construiría una casa en una colina donde divisaría todo el valle lleno de cerezos y árboles frutales. Me levantaría todas las mañanas y escucharía el piar de los pajaritos. Si pudiera, me encantaría tener un caballo con el que pasearía por el valle. Si yo fuera más joven y tuviera mejores piernas, caminaría todos los días. Daría paseos, subiría a las montañas, podría respirar aire puro. Me sentiría mejor. Si fuera rico, me compraría un yate y navegaría todos los días. Iría de una isla a otra. Si fuera verano, tomaría el sol en sus playas. Si fuera más joven, me gustaría ser marinero y atravesaría todos los océanos. Si tuviera 20 años menos, me compraría una bicicleta, subiría a las montañas desde donde contemplaría maravillosos paisajes y sería muy feliz.

PRÁCTICA

1 Usa las expresiones del recuadro y construye la frase como en el modeo. 例にならって枠内の表現と接続法現在完了を使って、文を作りましょう。

> qué bien　　qué sorpresa　　qué pena que　　me alegro de que　　qué bueno que

> perder el Real Madrid　　(ellos) ser padres por primera vez
>
> (él) suspender el examen de conducir　　(él) conseguir un buen trabajo
>
> (ellos) pasarlo bien en la montaña

例)　　　　　　1)　　　　　　2)　　　　　　3)　　　　　　4)

例）*Qué sorpresa que el Real Madrid haya perdido.*

1) _____　　2) _____

3) _____　　4) _____

2 Haz como en el modelo. 例にならって接続法現在完了を使って、文を書きかえましょう。

例）¡Ojalá te vaya bien en el viaje! → *¡Ojalá te haya ido bien en el viaje!*

1) ¡Ojalá no tengas problemas con tu jefe!

2) ¡Ojalá ella se dé cuenta de su error!

3) ¡Ojalá te suban el sueldo!

4) ¡Ojalá no tengas problemas con tu vecino!

5) ¡Ojalá te vaya todo bien!

3 Ahora haz frases libremente con las expresiones: me alegro de que... qué pena que... qué bien que... lamento que... + pretérito perfecto de subjuntivo. 接続法現在完了を使った文を自由に作りましょう。

1) ¡Me alegro de que _____ !

2) ¡Qué pena que _____ !

3) ¡Lamento que _____ !

4) ¡Qué bien que _____ !

5) ¡Me sorprende que _____ !

4 Usa las expresiones del recuadro y completa las frases con el pretérito imperfecto de subjuntivo como en el modelo. 例にならって枠内の表現と接続法過去を使って、文を完成させましょう。

(ella) invitarme a la fiesta de su cumpleaños   (tú) ir conmigo a España

(tú) practicar el inglés conmigo   (mi hija) ayudarme en las labores de casa

(mi padre) regalarme un ordenador para mi cumpleaños

例)   1)   2)   3)   4)

例）Desearía que *ella me invitara a la fiesta de su cumpleaños.*

1) Me gustaría que _____.

2) Me alegraría mucho que _____.

3) Te lo agradecería mucho que _____.

4) Me encantaría que _____.

5 ¿Qué harías si tuvieras las siguientes cosas? 例にならって自由に si を用いた非現実的条件文を作りましょう。

例）tener dinero   *Si tuviera dinero, daría la vuelta al mundo.*

1) tener dinero

2) tener tiempo

3) saber muchas lenguas

4) tener un yate

5) tener una casa de campo

6) tener un caballo

7) tener un billete de avión gratis

Unidad Adicional

1 現在の非現実的条件文（1）La oración condicional (1)

🎧 59

条件節には接続法過去が、帰結節には直説法過去未来が用いられます。

> Si no lloviera, iríamos al campo.　　Si tuviera dinero, viajaría por todo el mundo.
>
> □ como si+ 接続法過去 :「まるで〜のように」
>
> Hablas inglés como si fueras un inglés.

チョット 確認 1 接続法過去か直説法過去未来の正しい形を入れましょう。Completa con la forma adecuada del pretérito de subjuntivo o del condicional.

1) Si yo no (estar)_____ tan ocupado, te (llevar)_____ adonde quisieras.

2) Él habla de arte como si (ser)_____ un especialista.

3) Si nosotros (tener)_____ tiempo libre, (poder)_____ visitaros.

4) Juanito se porta como si (ser)_____ una persona mayor.

2 直説法未来完了 El futuro perfecto de indicativo

🎧 60

直説法未来完了の活用：**haber** の直説法未来 + 過去分詞

haber :	habré	habrás	habrá	habremos	habréis	habrán	＋過去分詞

1) 直説法現在完了の推量を表します。（カッコ内は直説法現在完了）

> Son las diez. Mi amigo ya habrá llegado (/ ha llegado) a Paris.

2) 現在から見て、未来のある時点までに完了しているであろう事柄を述べます。

> Para el próximo viernes ya habremos terminado el trabajo.

チョット 確認 2 直説法未来完了の正しい形を入れましょう。Completa con la forma adecuada del futuro perfecto de indicativo.

1) ¿Dónde (aprender)_____ Pablo el japonés?

2) Para el martes nosotros ya (hacer)_____ la tarea.

3) Carmen parece muy cansada. (Estar)_____ muy ocupada.

4) ¿Para cuándo (volver)_____ tu hermano a Japón?

3 直説法過去未来完了 El condicional perfecto de indicativo

🎧 61

直説法過去未来完了の活用：**haber** の直説法過去未来 + 過去分詞

haber :	habría	habrías	habría	habríamos	habríais	habrían	＋過去分詞

1) 直説法過去完了の推量を表します。（カッコ内は直説法過去完了）

> Eran las 11 y creía que todos ya se habrían ido (/ se habían ido) de la fiesta.

2) 過去から見て、未来のある時点までに完了しているであろう事柄を述べます。

> Mario me dijo que para esas fechas ya habría vuelto a Barcelona.

✏️ チョット 確認 **3** 直説法過去未来完了の正しい形を入れましょう。 Completa con la forma adecuada del condicional perfecto de indicativo.

1) Mi prima se hizo abogada. Seguro que (estudiar)_____ mucho.

2) Pedro me dijo que en marzo ya (volver)_____ de Lima.

3) Pablo conocía muy bien ese asunto. ¿Quién se lo (decir)_____?

4) Era la una de la madrugada. Suponía que mis padres ya (dormirse)_____.

---

4 接続法過去完了 El pretérito pluscuamperfecto de subjuntivo 🎧 62

接続法過去完了の活用：**haber** の接続法過去 + 過去分詞

haber :	hubiera	hubieras	hubiera	hubiéramos	hubierais	hubieran	＋過去分詞
	hubiese	hubieses	hubiese	hubiésemos	hubieseis	hubiesen	

直説法過去完了で表される内容は、接続法を用いる文の中では接続法過去完了になります。

Me alegré mucho de que hubieras pasado el examen.

✏️ チョット 確認 **4** 接続法過去完了の正しい形を入れましょう。 Completa con la forma adecuada del pretérito pluscuamperfecto de subjuntivo.

1) No creía que ellos (vivir)_____ en el extranjero.

2) Deseaba que ellos me (reparar)_____ el coche para este sábado.

3) En aquel entonces había poca gente que (probar)_____ la paella.

4) Era extraño que ella (dejar)_____ el trabajo sin decir nada.

---

5 過去の非現実的条件文（2） La oración condicional (2) 🎧 63

条件節には接続法過去完了が、帰結節は直説法過去未来完了が用いられます。

Si hubiera tenido más tiempo, te habría acompañado para ver los lugares turísticos de mi país.

□ como si+ 接続法過去完了：「まるで〜だったかのように」

Pepa habló del accidente como si lo hubiera visto.

✏️ チョット 確認 **5** 接続法過去完了か直説法過去未来完了の正しい形を入れましょう。 Completa con la forma adecuada del pretérito pluscuamperfecto de subjuntivo o del condicional perfecto de indicativo.

1) Si (tener, yo)_____ dinero, te (comprar)_____ un anillo.

2) Si nosotros no (estudiar)_____ en la misma universidad,

no (hacerse)_____ amigos.

3) Si yo no (vivir)_____ en España, no (aprender)_____ bien el español.

4) Nos hablamos como si (conocerse)_____ desde hace mucho tiempo.

Eugenio del Prado（エウヘニオ　デル　プラド）

齋藤　華子（さいとう　はなこ）

仲道　慎治（なかみち　しんじ）

Ⓒ 新スペイン語のリズムで 2

Nuevo Español con ritmo 2

2024年 2 月 1 日　初版発行　　定価　本体2,400円（税別）

Eugenio del Prado
著　者　齋　藤　華　子
　　　　仲　道　慎　治
発行者　近　藤　孝　夫
印刷所　萩原印刷株式会社

発行所　株式
　　　　会社 **同　学　社**

〒112-0005 東京都文京区水道1-10-7
電話 (03) 3816-7011（代表）　振替 00150-7-166920

ISBN 978-4-8102-0444-5　　　　Printed in Japan

（有）井上製本所

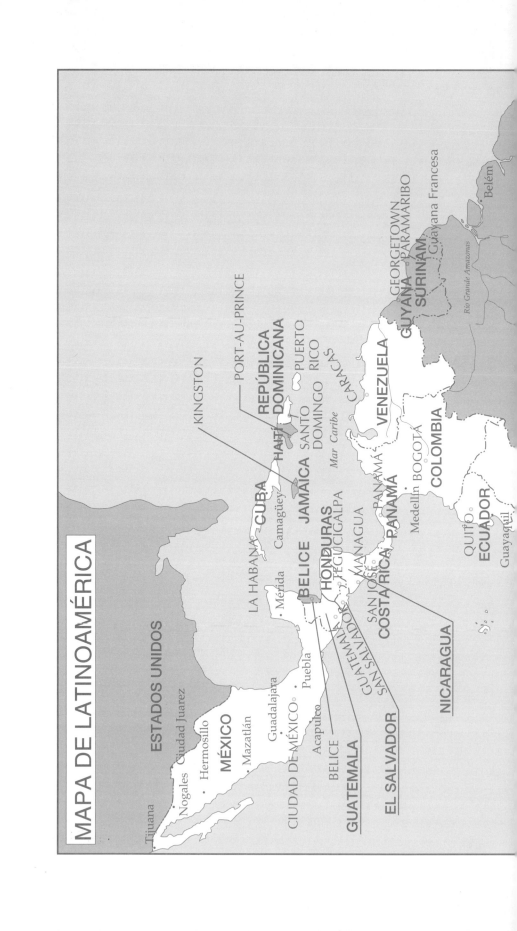

MAPA DE LATINOAMÉRICA

ESTADOS UNIDOS

Tijuana

Nogales · Ciudad Juárez

Hermosillo ·

MÉXICO

· Mazatlán

Guadalajara ·

CIUDAD DE MÉXICO ·
· Puebla

Acapulco ·

BELICE

GUATEMALA

EL SALVADOR

NICARAGUA

LA HABANA ·

CUBA

· Camagüey

· Mérida

BELICE

GUATEMALA

SAN SALVADOR

HONDURAS

TEGUCIGALPA

MANAGUA

SAN JOSÉ

COSTA RICA

PANAMÁ

KINGSTON

JAMAICA

HAITÍ

PORT-AU-PRINCE

REPÚBLICA
DOMINICANA

SANTO
DOMINGO

PUERTO
RICO

Mar Caribe

CARACAS

PANAMÁ

VENEZUELA

BOGOTÁ

Medellín ·

COLOMBIA

QUITO ·

ECUADOR

Guayaquil ·

GEORGETOWN

PARAMARIBO

GUYANA

SURINAM

Guayana Francesa

Río Grande Amazonas

Belém